Athlete Pilates

アスリートピラティス

怪我に負けない
身体をつくる

Emi Motohashi

本橋恵美

コンディショニング
トレーナー

はじめに

スポーツには頭脳プレーや頭脳戦といった言葉が使われます。これは頭脳を用いた戦略のことですが、力や時間の配分、対戦相手がいるならば相手の癖や傾向をリサーチするといった競技面だけではなく、自身の心と身体のコンディションを保つために戦略を立てているでしょうか？ ストレッチをして身体を柔らかくする、また筋トレをして筋力をアップすることのほかに、やるべきことがあります。それは動きやすい動作を学習することです。怪我を予防し、競技スキルを向上させるだけでなく、機能的な動作を手に入れることができれば、快適な睡眠、適切な栄養補給、早期の疲労回復にもつながり、ベストコンディションが保てるようになるでしょう。

本書は趣味で運動している方からプロとして本格的にスポーツをされている方まで、またそうした方たちをサポートする指導者

やケアする方すべてに向けて、ピラティスというエクササイズを紹介しています。単にエクササイズを知るだけでなく、身体の機能について学ぶことができます。勉強は苦手と感じている方も、この機会にスポーツ医学に基づいた身体の機能について学びを深めてみませんか。本書ではネット上に溢れている情報ではなく、こうした研究に生涯を費やした研究者たちが立証した研究結果をもとに、動きやすい身体をつくるための理論と実践方法が書かれています。そして、パフォーマンスを向上させ、怪我を予防するための鍵を手に入れることができます。コンディションを万全にして、思い通りに動く身体を手に入れましょう。ピラティスによりしなやかで強い体幹を手に入れることができます。スポーツも日常動作も含めて、快適にやりたいことをやるための健全で強い心と身体づくりの鍵が記されています。

本橋恵美

腰痛の再発を防ぐのに ピラティスは最適

ピラティスは筋トレでも、ストレッチでもない。車に例えるなら、ハンドルさばきです。

筋トレをすると馬力が上がる。ストレッチをするとサスペンションが良くなって心地よい走りになる。でも、ハンドルさばきが悪かったら、馬力があっても、サスペンションが良くても、安定した走行にはなりません。この例えで言うなら、ピラティスは身体を上手に動かすためのハンドルさばき、ですね。

野球でもゴルフでも、腰ばかり使う人は腰を怪我しやすいものです。そこを私が内視鏡を使って治す。でもまた腰ばかり使うから、また怪我をする。そこで私が指導するのは、腹筋と背筋を締めて、腰は動かさない、ひねらないようにしてほしいということです。では、ひねりはどこでするか。12個もある胸椎です。

仰向けに寝転がると、背中の下にスペースができますね。そのまま両脚を持ち上げると、腰の反りがなくなってスペースがつぶれます。万歳をすると、腰が反ります。

ちょっとした動作で腰は動いてしまうのです。それを制御するエクササイズがピラティスです。ピラティスであれば、

ピラティスは身体を上手に動かすハンドル

手を上げながらも腰をまっすぐ保つ、股関節を柔軟に動かして骨盤を動かさないなどということが可能です。私がピラティスを勧めるのは、腰を動かさずに他を動かすという運動制御、体幹キネマティックコントロールができるからです。再発を防ぐのにピラティスは最適です。

ピラティスで120%の身体に変わる

手術には限界があり、100%の状態には戻りません。選手なら引退の可能性もあります。ではどうするか。リハビリで100に戻し、腰以外の股関節や胸椎の機能を高めることで120になる。

私は術後に「君は身体の使い方を間違っていた。今の身体でフィールドに戻ったら、また腰を悪くする。再発防止には100を120にしなければならない。それにはピラティスをすることが大事だ」と説明します。

なお、腰痛の人は注意が必要で、専門医の診断を受けてからピラティスを始めることを勧めます。トレーナーの方は健康な人をもっと健康にするのが役目ですが、医療的な理解を深めて、ピラティスをしていいか、どのように気をつければいいかを判断してもらいたい。本橋さんもセミナーなどでそのように呼びかけていますね。

徳島大学運動機能外科学
西良浩一《さいりょう こういち》 教授

パフォーマンスアップの一方法として重要

ピラティスで身体を上手く使えるようにする

武道や相撲、スポーツ競技などでは「心技体」という言い方をよくします。心と技術と体力。さまざまな要素でパフォーマンスは成り立っています。

アスリートの皆さんは、その中で「体」の部分、筋力や柔軟性、持久力などの能力はトレーニングでしっかり鍛えているでしょう。でも、筋トレだけ、あるいはストレッチだけ、持久走だけをやっても、パフォーマンスは向上しません。大谷翔平選手は筋トレが今のパワーアップ、パフォーマンス向上につながっていると報道されていますが、筋力は彼の一つの側面、パーツにすぎません。

体に加えて「技」の技術、身体の使い方も高める必要があります。野球ならピッチングやバッティング、守備の練習などが行われますが、技術を習得するだけでは望むほどにパフォーマンスは高まらないでしょう。身体がバランスよく動いて、なめらかに、しなやかに目的とする動作が行えるような身体の使い方できるようにならないと、パフォーマンス向上にはつながりません。動作が適切に行われる身体の機能をモーターコントロールと言います。ピラティスはモーターコントロールを高める、わかりやすく言うなら身体を上手く使えるようにするための一つの方法として重要です。

ピラティスはメンタルにもメリットをもたらす

さらに「心」、メンタルも、パフォーマンスアップに大きく関わっています。恐怖心はモーターコントロールが適切に行われなくなる要素です。不安定なところを歩くときにも、モーターコントロールが必要ですが、転んだらどうしようという恐怖心が働くと、正しい身体の使い方ができなくなります。自転車に乗る練習で、後ろで支えてくれていると思えば安心感から前へ進むことができ、手は離したんだよと聞かされた瞬間に倒れるという話などは、そのいい例です。

ピラティスで不安定な姿勢が取れるか不安だったが、やってみたら意外とできて、気持ちが和らいでいく。そのような今の状態を素直に受け入れ、そこにいる自分を穏やかに受け止める、いわばマインドフルネスの気持ちになると、モーターコントロールも適切に働きやすくなります。大谷選手が打席に立ったときの気負いのない落ち着いた表情を思い出してください。室伏広治さんはゾーンに入るという言い方しています。表現のしかたはいろいろですが、マインドフルネスの状態がトップアスリートには必要です。

早稲田大学スポーツ科学学術院

金岡恒治《かねおか こうじ》 教授

もくじ

衣装協力

［sn］ super.natural
https://sn-supernatural.jp/

イージーヨガジャパン
http://www.easyogashop.jp

lululemon
www.lululemon.co.jp

STAFF

デザイン　春日井智子（DUG HOUSE）
写真撮影　大久保惠造
ヘア＆メイク　村上まどか
スタイリング　田中麻理乃
イラスト　中山　昭
編集協力　リュクス

athlete pilates index

アスリートピラティス インデックス

必須6種

体幹のMobility

体幹の Motor control

21

シングル
ストレート
レッグストレッチ

P138

22

ダブル
ストレート
レッグストレッチ

P140

23

Vバランス

P142

24

2プローン

P144

25

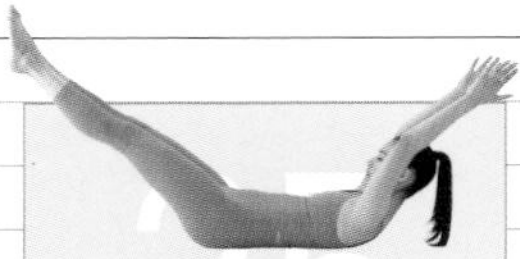

Vシット

P146

26

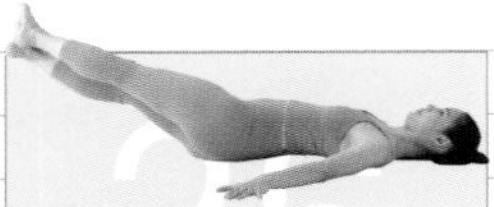

コークスクリュー

P148

27

チェストリフト

P150

28

ダイアゴナル
リーチ

P152

29

ジャック
ナイフ

P154

股関節のMotor control

30

スネーク

P156

31

レッグサークル

P158

32

シザース

P160

33

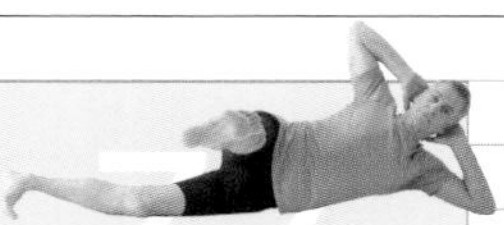

サイドキック

P162

34

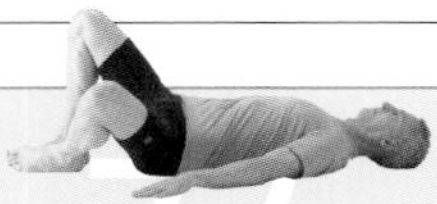

ランバー
スタビリティ

P164

37 ヒップヒンジ P170

36 ニー ステアリング P168

35 ヒップ アダクション P166

39 ヒップリフト P174

背面部の Motor control

38 サイドリフト P172

41 シングル レッグキック P178

40 スキャプラ ローテーション P176

43 デッドバグ P182

42 インサイド ブリッジ P180

全身の Motor control

エクササイズを行う順番について

特に順番は決まっていません。エクササイズのページに記載された「エクササイズの目的」などから必要と感じるものを選択し、集中して短い時間で実施しましょう（15 ～ 30 分）。また、仰向け・うつ伏せ・横向きなど姿勢を変えながら行うといいでしょう。

エクササイズページの見方

エクササイズ番号

本書で紹介する 43 のエクササイズの通し番号です。

01
ロールアップ
Roll Up
脊椎分節の動きを覚える
呼吸と動作の連動
Movement
5 回
脊柱を屈曲させて骨盤から頸椎まで順に床につけ、頸椎から順に床から離す。
背椎分節
page 96

エクササイズ名

エクササイズの和名と英名を記載しています。

エクササイズの目的

エクササイズによる効果を簡潔に示しています。

動作のポイントと実施回数のめやす

動作のポイントを先に把握することで、左ページの行い方が理解しやすくなります。

全6項目

43のエクササイズを6つのジャンルに分けて掲載しています。

フォーカス

重点的に取り組みたいこと。「エクササイズの目的」達成のために必須の内容です。

ターゲットマッスル

エクササイズ中に使われる主な筋の名称を挙げています。

腹横筋はすべてのエクスサイズで活動するため省略しています。

動作の説明と呼吸

動作の順番と、「吸う」「吐く」の呼吸も指示しています。

注意点

効果を得るために気をつけたいことなどをわかりやすく説明しています。

必須6種　Focus　呼吸と動作を連動させて脊柱の可動性を向上する

▶ **腹筋群、前鋸筋、多裂筋**

必須6種

1　吸う

両膝を立てて、足を坐骨幅に開く。両手は大腿の脇に添えて体育座りの姿勢をとる。息を吸って坐骨と頭で伸び合うように軸の長さを出す。

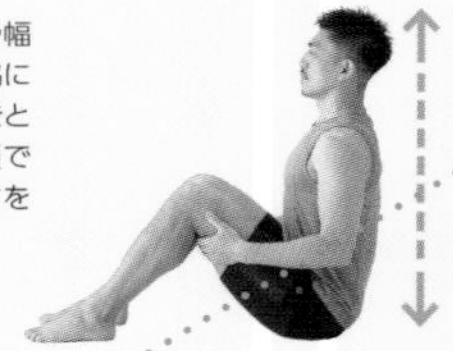
足が床から浮いたり、肩がすくんだりしないようにリラックスしておく
エロンゲーション

2　吐く

息を吐きながら骨盤から動かして①腰椎、②胸椎、③頚椎を順番に床につけていく(ロールダウン)。

ロールダウンする際は、骨盤から動かしていく
アーティキュレーション

3　吸う

背臥位《はいがい》（仰向け）で息をゆっくりと吸い…

4

吐きながら頷《うなず》くように①頚椎上部から動き始め、②胸
と順々に屈曲し
こす。

反動はつけずに、椎骨1つ1つを動かしていく

page 97

Caution!

注意!

本書はアスリートの方を対象に、スポーツパフォーマンスの向上および怪我の予防を目的に制作されています。すでに痛みなどの症状がある方は、悪化させる恐れがあるため、整形外科など専門医の診察を受け、ピラティスを行っても問題がないかどうかを確認するといいでしょう。

脊柱の構造

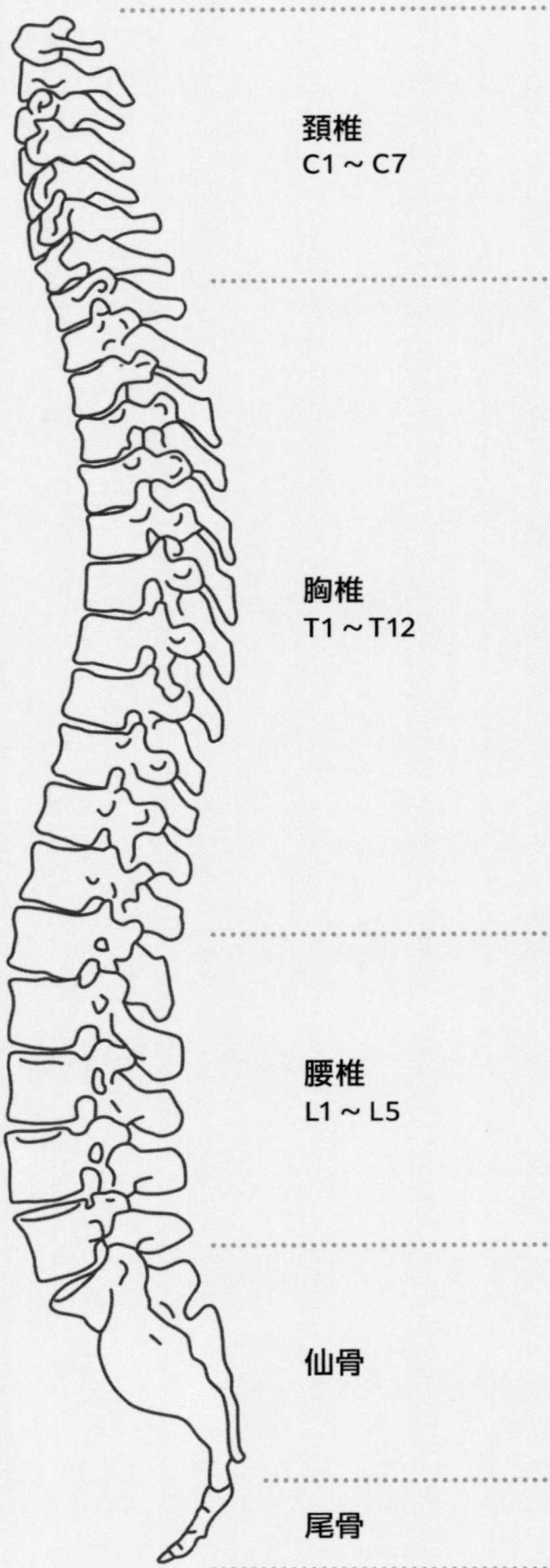
頸椎
C1 ~ C7
胸椎
T1 ~ T12
腰椎
L1 ~ L5
仙骨
尾骨

体幹の主なインナーマッスル

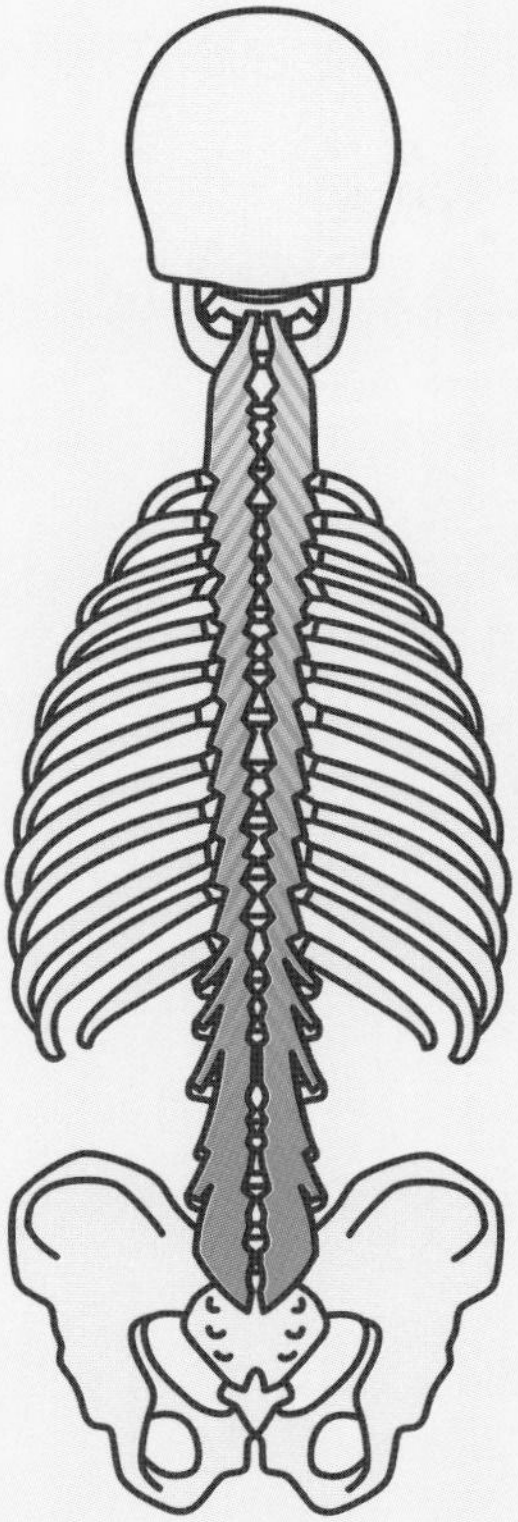

多裂筋

横隔膜

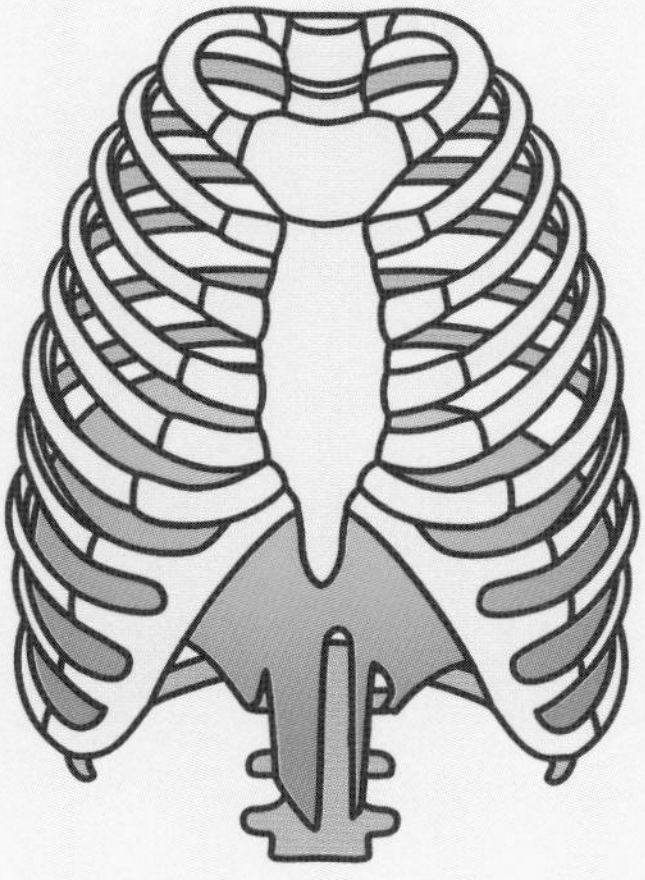

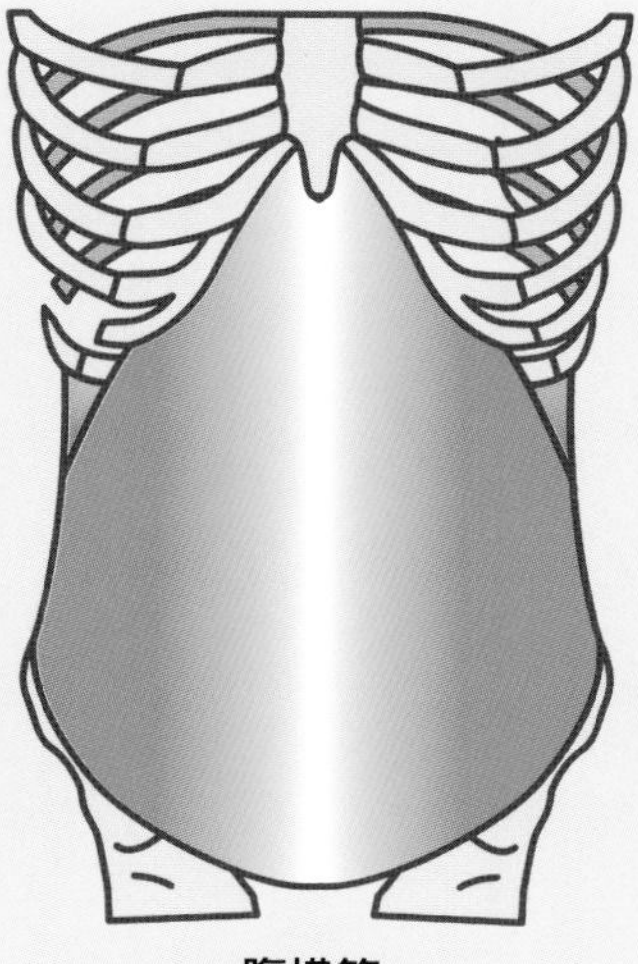

腹横筋

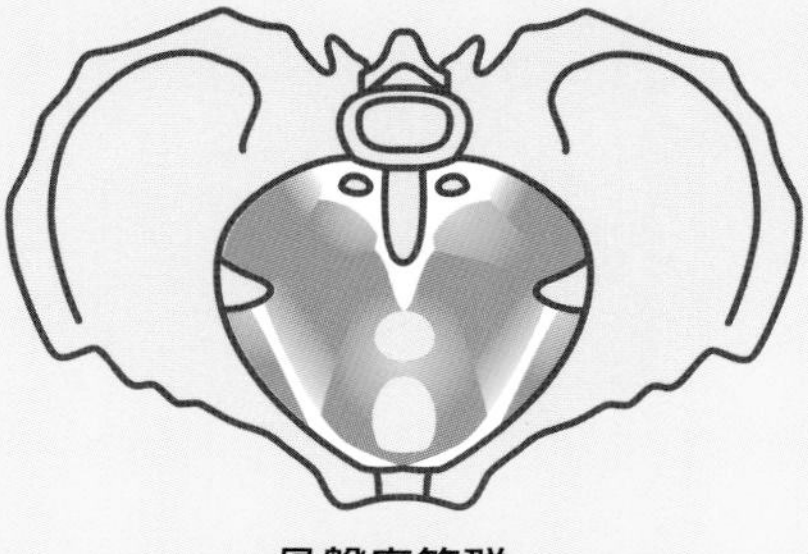

骨盤底筋群

Part 1
アスリートピラティスについて知ろう

Chapter 1

ピラティスとは どんなエクササイズか

ヨガと混同されやすいピラティス。その違いや、ピラティスならではの特徴を理解することから始めましょう。

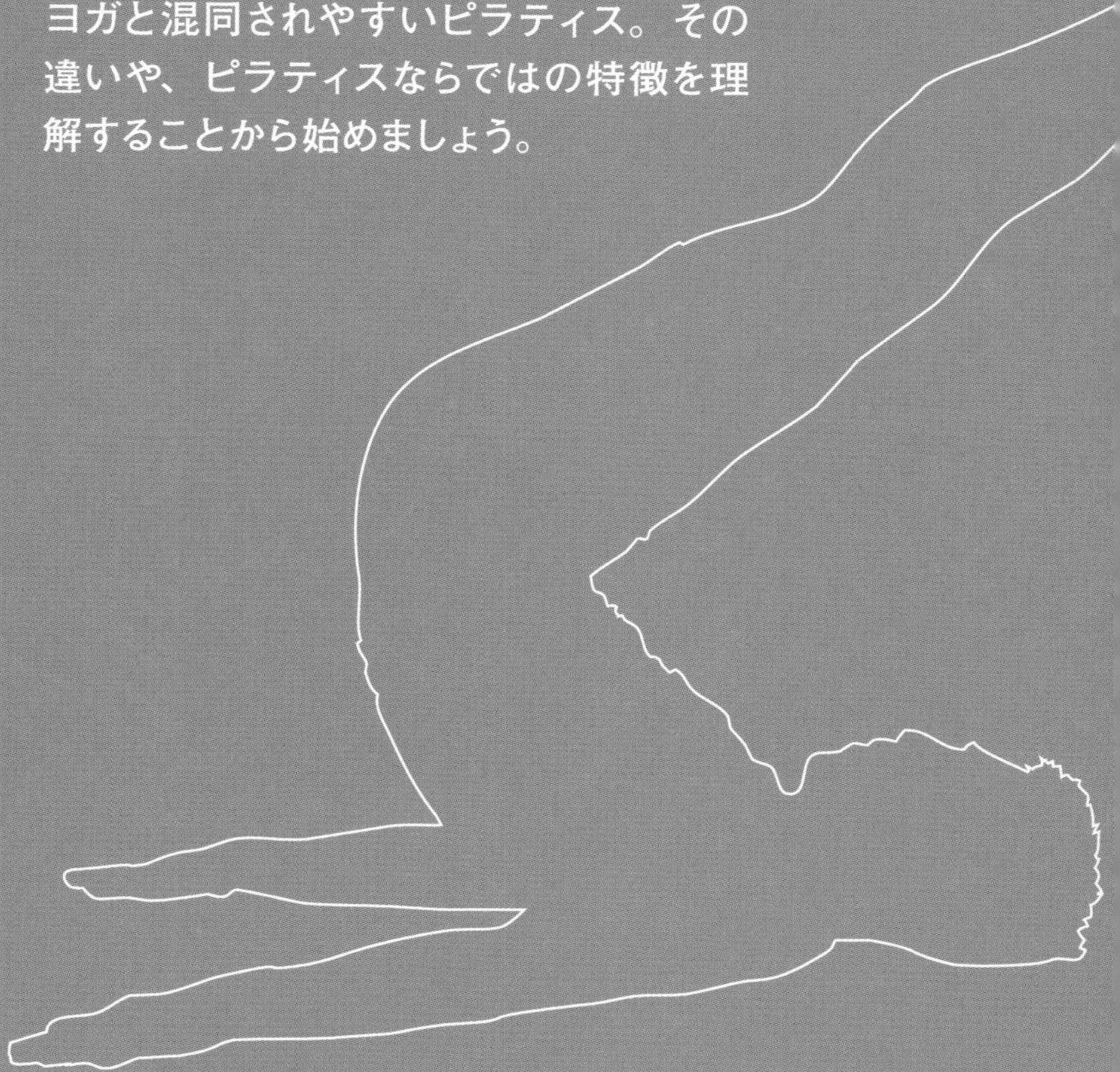

ピラティス氏が考案したエクササイズ

イギリスの病棟からアメリカのバレエ団へ

患者の回復を早めたエクササイズ

ピラティスエクササイズの創始者は、ドイツ人の**ジョセフ・ピラティス氏**[*]です。幼少時病弱だったため人体についての関心を高め、心と身体を強くする方法を探し求めるようになりました。

第一次世界大戦が始まった頃、イングランドにいたピラティス氏は、拘束された収容所で出会った猫の動きに驚愕しました。それは敏捷性に富み、しなやかでエネルギーに満ちていたからです。そこで猫が頻繁にストレッチをして全

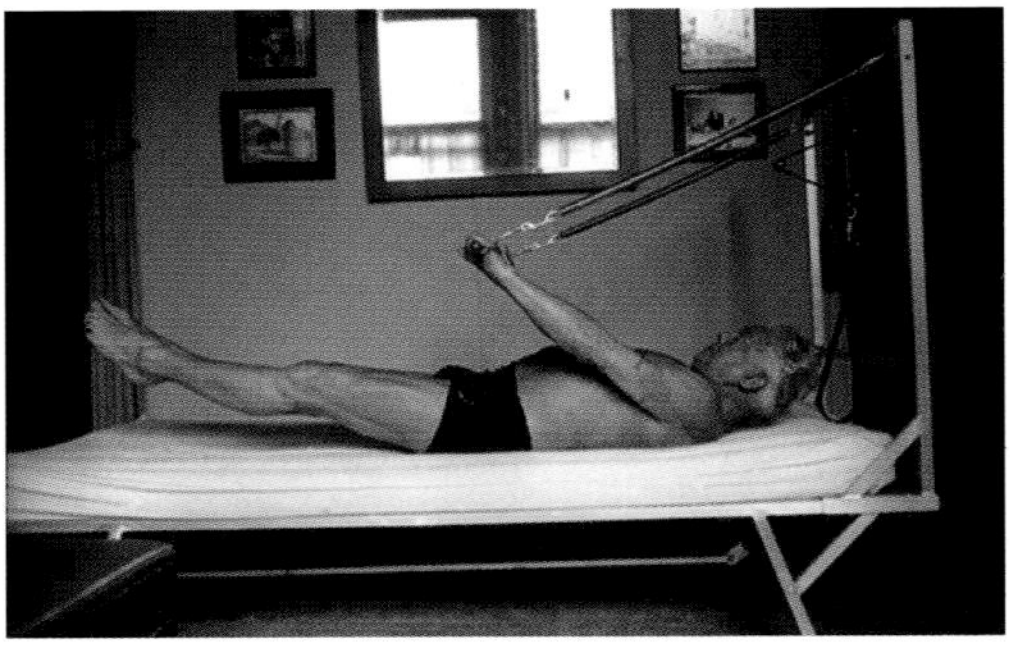

* [Joseph H Pilates]
1883－1967

身がしなるように柔らかいことが秘訣であることを悟り、まずは筋を伸ばすためベッドのスプリングなどを利用した器具をつくりました。

スペイン風邪が世界的に大流行し多数の死者が出たとき、彼が指導した者たちに死亡した人がいなかったことで注目され、病棟勤務の仕事に就き、患者（負傷兵など）が動ける範囲でのエクササイズを指導するようになりました。彼のエクササイズは筋萎縮や免疫力の低下を防ぎ、回復を早める効果がありました。

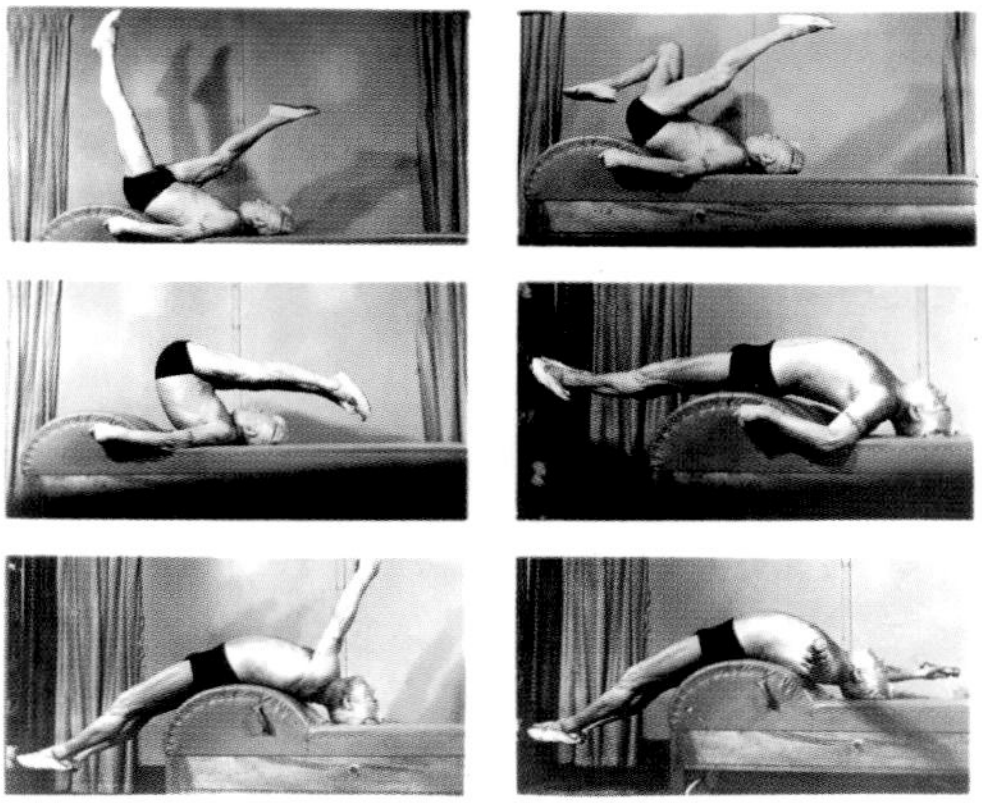

バレエ団に支持され、ハリウッドセレブにも人気

その後、ピラティス氏はドイツからアメリカへと渡り、ニューヨークにスタジオを構え、ニューヨーク・シティ・バレエ団のダンサーたちに**「コントロロジー」**と名付

けたエクササイズを指導するようになります。ピラティス氏は生涯をかけて自分のメソッドを広めることに尽力し続けました。そのメソッドは「ピラティス」という名で彼の指導を受けた者たちに引き継がれ、1970年代、ハリウッドセレブたちの間で人気となり、80年代には広く社会に受け入れられるようになりました。

ピラティス氏は著書＊で下記のようにと述べています。このような原理と技法をコントロロジーと名付けたのであり、「コントロールする学問」という意味合いがありました。

＊
「YOUR HEALTH」より
コントロロジーとは
・筋肉の動きを意識でコントロールすること。
・骨に働く梃子（ルビ＝てこ）の原理を正しく活用すること。
・身体のメカニズムについて理解すること。
・身体の動きに均衡の法則と重力の法則がどのように働いているか理解すること。

ピラティスには2種類ある

マットとマシン

導入しやすいマットピラティス

ピラティスは大きく二つに分けられます。一つは「マットピラティス」です。マット上で行います。スポーツの現場であれば芝生や体育館でも可能です。いつでも、どこでも実施できるため、継続しやすいのが特徴です。ただし自分自身で身体をコントロールするため、正しい姿勢を維持することやバランスを取ることが難しいと感じるかもしれません。とてもコントロール力と集中力が必要です。大人数で実施する際は、指導者の統率力が求められます。

負荷の調節などが可能なマシンピラティス

もう一つは「マシンピラティス」です。リフォーマー、キャディラック、バレル、チェアーなどイクイップメントと呼ぶ器具を使用します。特徴は、つかまるものがあったり、バネによって身体にかかる負荷（強度や難度）を調整できたりすることです。一方で、イクイップメントを家やトレーニングルームに置くことはスペースや予算的な問題であまり現実的でなく、専門スタジオなどに通って行うことがほとんどですので、気軽に継続とはいかないかもしれません。しかしスポーツ医学に精通した指導者と1対1で行うのであれば、自分に合った方法を丁寧に教えてくれますのでお勧めです。

マットピラティス

マットがなくてもエクササイズは可能
（東海大学ラグビー部提供）

マシンピラティス

最近では医療機関で運動療法としても
導入されている（徳島大学病院提供）

ピラティスとヨガの違い

瞑想を主とするヨガ、リハビリとしてのピラティス

呼吸と動作

ピラティスは先に述べたように、ピラティス氏が患者の「リハビリ」のために構築したエクササイズです。ヨガは古代インド発祥の伝統的な宗教的行法で、瞑想を主とするものでしたが、現代では心身の健康を保つエクササイズとして人気があります。

ピラティスとヨガの違いとして、呼吸法がよく取り上げられます。ヨガは腹式呼吸（副交感神経を活性化）、ピラティスは胸式呼吸（交感神経を活性化）と言われますが、本書では機能解剖学的に偏った見方が生じるため、あえて腹式・胸式と分けずに呼吸について説明しています。

また、ヨガが動きをとめて静止する（「アーサナ」と呼ばれるポーズ）のに対して、ピラティスは常に動いた状態で行います。

心身のバランスをはかることは共通

ヨガもピラティスも、心（精神）と身体のバランスが取れて安定した状態にあることを目指していることは共通しています。ヨガが現代においても精神面（瞑想）に重きをおいて心身の調和をはかろうとするのに対し、ピラティスは身体面のコントロールから理想的な心身の状態を実現するメソッドと言えます。

身体の動きを変えるピラティス

どちらもマットの上で行うエクササイズのため、混同されることもあるヨガとピラティス。ピラティスは主に体幹部のインナーマッスル（深層筋）を鍛えて股関節をスムーズに動かせるようにすることで機能的な動作の獲得、つまりスポーツパフォーマンスアップに直結するような身体の動かし方を身につけることを目標にしています。

身体機能を引き出すメソッド

身体の動きを意識的にコントロールする

筋や関節を正しく動かす

ピラティス氏は「意識的に自身の身体を完全にコントロールすることを覚え、エクササイズを適切に反復することで、意識下での自然なリズムと協調性を徐々に確実に獲得する」と著書*で述べています。

　これらの目標は、現代のピラティスにおいても同様です。自分の身体のメカニズムを理解したうえで、**筋の動きを意識的にコントロール**し、**関節を正しく動かす**ことができるなら、スポーツでも高いパフォーマンスを発揮できるでしょう。

　しかし、その能力を身につけるのは容易なことではありません。ストレッチで身体の柔軟性を高め、筋トレで筋を強くし、それぞれのスポーツに必要な技術を高めるためのさまざまな練習を繰り返すだけでは動きをコントロールすることは難しいです。

では、何から始めたらいいでしょうか。ピラティスです。

＊著書「Return to Life」
Pilates JH .et al:Contrology Restores Physical Fitness Return to Life.Pilates Method Allaiance .Miami.FL.18-20.2012

トレーニングというよりは「運動学習」

一見、単純な繰り返し動作に見えるピラティスで、スポーツパフォーマンスアップに直結するような機能的な動作が身につくのでしょうか。それは背骨や骨盤の安定性に大きく関係する体幹部のインナーマッスルに働きかけることで、正しい姿勢やスムーズな動作などの身体機能を引き出すからです。

ピラティスは、トレーニングというよりは**「運動学習」**と言えます。ピラティス氏が述べたように、**自分の身体の状態を意識しながら動く**ことが大切です。

ピラティスを学ぶ場所が日本になかったころ、スキルアップのためロンドンのPilates clinicで研修を受け、Alvin Quekに師事した。彼は元々ダンサーとして活躍しており、しなやかに身体を動かすことを常に追求していた。医学にも精通しており、身体の微妙な動きを一つずつ丁寧に動かすことを教えてくれた。心より感謝している。

http://www.pilatesclinique.co.uk/

Chapter 2

アスリートピラティスとは何か

アスリートピラティスはスポーツ競技者を対象にしていますが、それ以外の身体機能を高めたい人にも有効です。またスポーツ医学にもとづいたピラティスであり、障害予防やリハビリテーションなど運動療法としても優れていることを解説します。

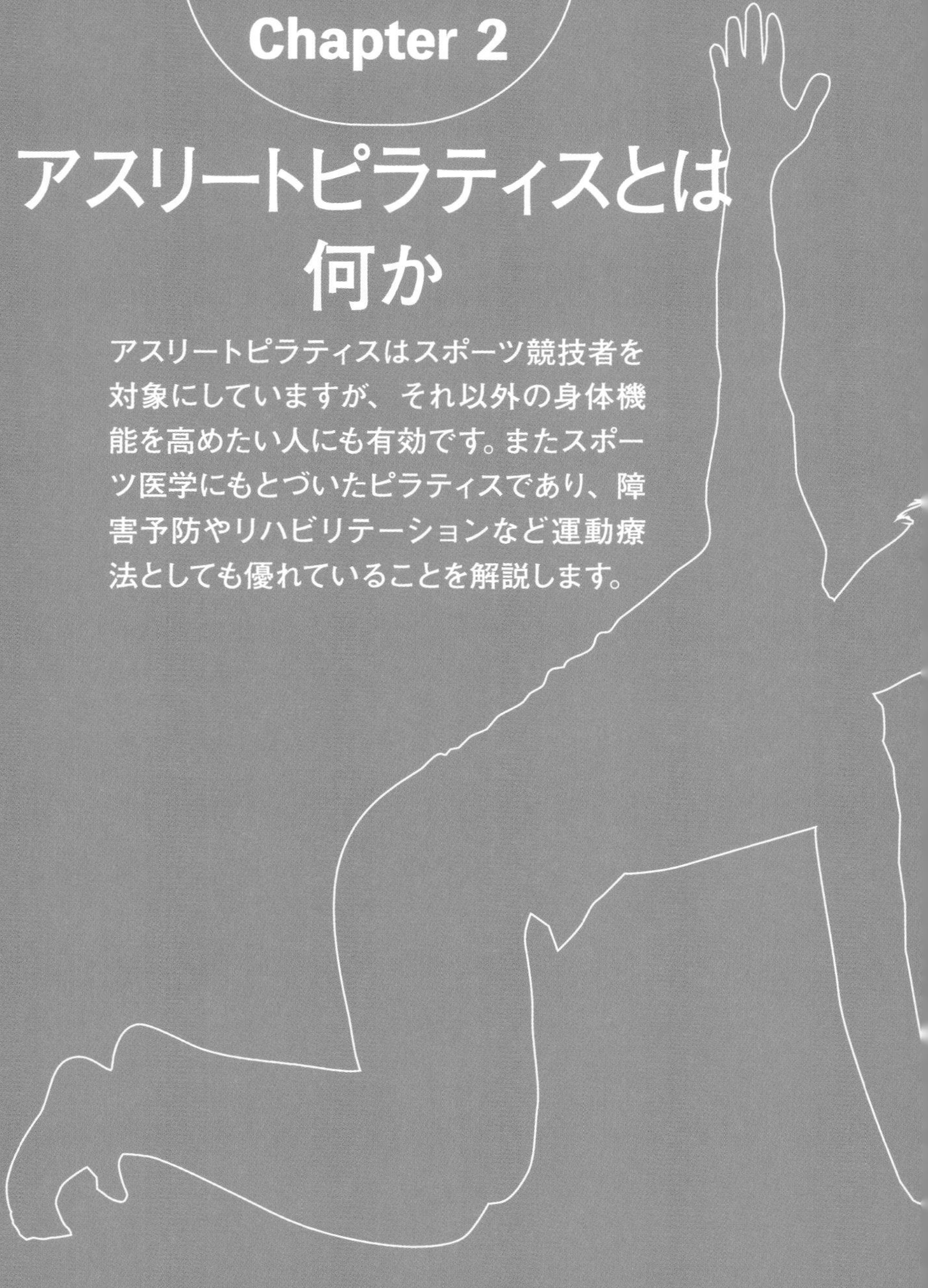

アスリートピラティスの特徴

スポーツ医学に基づいたピラティスを紹介

機能的な身体づくりをより良くサポート

本書では、**スポーツ医学**に基づいたアスリートピラティスを紹介します。スポーツ医学とは、選手の**身体能力の強化**、パフォーマンスアップにつながる**身体の使い方**、**怪我の予防**から**治療**までを含む、総合的な医学分野のことを指します。

スポーツ医学は機能解剖学*、バイオメカニクス*、キネシオロジー*などの専門領域から成り立っており、アスリートピラティスは、その研究成果に着目することによって、競技能力を高める**機能的な身体づくり**をより良くサポートすることを目的としています。エクササイズで得られる**機能的な動作**は、日常生活を快適に過ごすためにも有用です。

スポーツパフォーマンスの向上に直結

*【**機能解剖学**】筋肉や骨・関節などがどのように**働き連動**するかを学ぶ学問。

*【**バイオメカニクス**】身体の仕組みや動き方について、**力学的**に研究する分野のこと。

*【**キネシオロジー**】運動の**原理**や**仕組み**を科学的（生理学的、生体力学的、心理学的）に研究する分野のこと。

機能的な動作、英語でいえばファンクショナルムーブメントですが、例えば腕の動きだけを改善しようとしても野球の投球フォームは良くなりません。全身がスムーズに協調して動いてはじめてパフォーマンスの向上につながり、怪我をしない身体づくりになります。

腕の力だけで投球を続ければ、肩や肘を壊します。しかし体幹がしなるように動き、全身が連動して投球するなら、腕の力だけでは出せない爆発的な力が出せますし、肩や肘の故障のリスクを減らせます。そのような競技を問わずに必要な身体づくりをこの本では紹介します。

骨盤と背骨を正しくコントロール

その身体づくりの中心になるのが体幹です。体幹といっても体幹の筋だけが大事なわけではなく、何が大事かといえば背骨と骨盤の動きです。アスリートピラティスには、その**背骨と骨盤の動き**を正しくコントロールできるようになるエクササイズが詰まっているということです。

ピラティスを〝薬〟として推奨

医療を補完し、怪我などの治療に役立つ

Exercise as medicine

エクササイズ・イズ・メディスン、運動は薬だ。さらにはエクササイズ・アズ・メディスン、「薬としての運動」という考え方が定着しつつあります。「運動で健康になろう」という呼びかけから、「治療の一環として運動を勧めよう」と、より積極的に運動が推奨されるようになってきました。運動は、投薬などの従来の医療を補完するものとして、怪我や疾患の治療としても見込めるという考え方です。

薬として運動を使うためには、身体にどんな問題、障害が生じているかを判断し、その回復に有効な運動を指導できる知識が必要です。例えば慢性的な腰痛の場合、痛みや運動制限などの現状から、腰椎への過剰な負荷が原因と判断し、その負荷を軽減する運動を指導することになります。

このような場合、アスリートピラティスは、脊柱のコントロール力を高めて腰部に

Exercise is medicine

運動は薬だ

かかりやすいストレスを軽減し、脊柱のスムーズな動きや安定性を回復するエクササイズを推奨します。美容やダイエットを主な目的とするピラティスとは異なり、**身体の機能不全の改善**を目的としたアスリートピラティスは怪我の予防や**リハビリテーションとして活用できる運動療法**といえます。最近では病院やクリニックで医療従事者が指導することも非常に多くなってきました。しかしこのアスリートピラティスは医療の専門家だけでなく、あなたご自身が本書をご覧になりながら実施できるのです。

怪我をした人のリハビリにも有効

怪我をして試合や練習から遠ざかっている人も多いでしょう。そのリスクを痛感し、将来への危機感から本書を手に取られたかもしれません。

そもそもピラティスは、負傷兵たちがベッドの上で療養している間に、怪我をしていない部分は鍛えておこうとベッド枠に付けたスプリングを利用してトレーニングをしたのがその始まりです。例えば脚を骨折した人でも、体幹は動かせるかもしれません。動ける範囲のエクササイズを毎日続けることで、患者の回復力が高まったといい

Exercise as medicine

薬として運動を使う

↓

薬として使うための知識が必要

＝

運動療法としてのピラティス

ます。ピラティスは、怪我をしている間のリハビリとしても使えるエクササイズです。

安定した姿勢でトレーニングできる

アスリートピラティスが誰にでもできる3つの理由をご紹介しましょう。

①支持基底面が安定している

坐位（座った姿勢）、臥位（仰向け、うつ伏せ、横向きで寝た姿勢）が多く、身体が床に接している面積が大きく、立位も少ないため、バランスが取りやすく、身体を安定して支えることができます。

②自重でどこでもトレーニングできる

ピラティスにはマットと専用のマシンを使用したものと2種類ありますが、アスリートピラティスはマット1枚で行うことができます。マットがなくてもお尻が痛くなければ絨毯や芝生などの上でも大丈夫です。そして自重を利用するため、いつでもどこでも、安全に実施できます。

③体幹の可動性と安定性が獲得できる

体幹の筋だけでなく、骨の配列そのもの、また関節の本来の動きを取り戻すことが期待できます。さらに体幹以外の腕や脚や頭部との連結をスムーズにします。スピードや反動を利用しないため、トレーニングによる怪我のリスクも少ないと言えるでしょう。

これらは機能的な動作の基礎となる脊柱の可動性と安定性を高めるトレーニングであるということを示しています。競技の種類に関わらず、すべてのアスリートに最も必要とされる身体機能です。

■ ハンドボール選手　宮﨑 大輔

腰の手術後、病院でのリハビリのあとで、執刀医と連携し、コンディショニングトレーニングとしてアスリートピラティスを導入したハンドボール元日本代表の宮﨑大輔選手。「日頃使わない動きなどで大変でしたが、身体が整った感じがします。身体を使う知識がこれまで以上に増えて、様々なスポーツに活かすことができそうだと実感しました」

Chapter 3

アスリートピラティスとスポーツ

ピラティスをどのようにスポーツに取り入れればいいのか。心と身体の両面でのコンディショニングや、練習・試合前のウォーミングアップなどにも有効であることを解説します。

エクササイズ・ピラミッド

ピラティスはパフォーマンス向上に必須

エクササイズの6つのフェーズ

アスリートのパフォーマンス向上、機能的な動作ができる身体づくりにとって重要なエクササイズは、左図のように下から順に6つのフェーズ（段階）に分けることができます。

リセット

・過活動

過活動とは、リカバリーできる範囲を超えるストレスを筋に継続的に与え続けるような運動のことを指します。筋を過度に使ってしまうアスリートが少なくありません。過活動はスポーツ障害などの原因の一つになります。

エクササイズ・ピラミッド

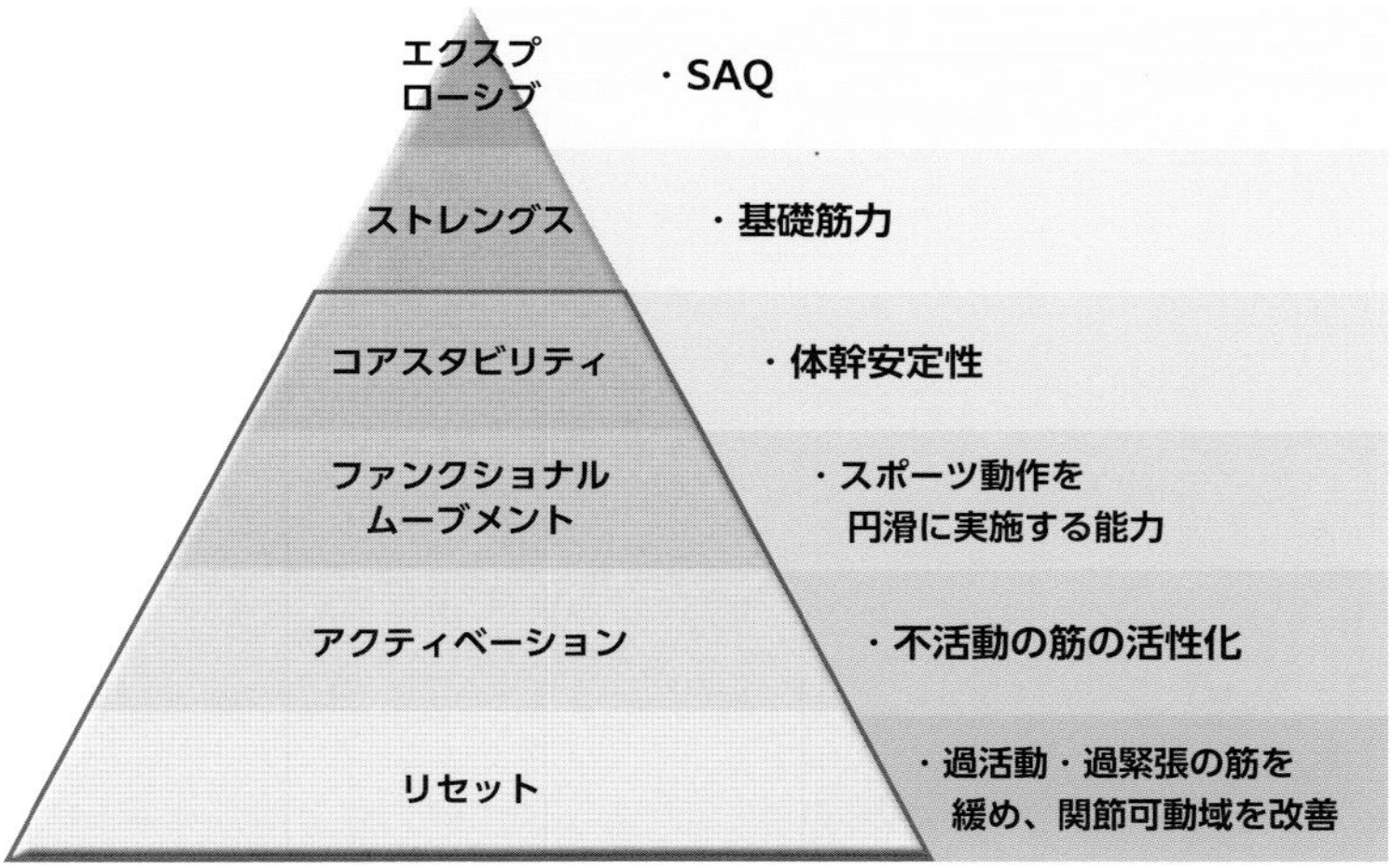

機能的動作獲得に必要な６つのフェーズ

アスリートピラティスはリセットからコアスタビリティまでの土台を築く。

・過緊張の筋を緩め、関節可動域を改善

過緊張とは、使われすぎてしまった筋が回復されずに硬くなってしまった状態のことを言います。硬くなった筋を緩めることが大事です。アスリートは筋肉がしっかりついていることもあり、関節が硬く関節可動域（関節が動く範囲＝角度）が狭いことが多いため、参考可動域*（関節可動域の平均値）まで改善する必要があります。

アクティベーション

・不活動の筋の活性化

スポーツではその種目に必要となる特定の筋があり、全身をフルに均等に使うわけではありません。同じスポーツでもポジションによって偏りが生じます。そのためあまり使われない筋も存在します。しかし全身の筋を協調して働かせることでスムーズな動作が可能になるため普段あまり使っていない筋を活性化させる必要があります。

ファンクショナルムーブメント

・スポーツ動作を円滑に実施する能力

スポーツにおいて機能的に身体を動かせる能力が必要です。例えば野球の投球動作

＊

【参考可動域】

日本整形外科学会と日本リハビリテーション医学会「関節可動域表示ならびに測定法」

の場合、肩や腕の力や、肩・肘の関節の動きだけでボールを投げるのではなく、下肢が安定して、体幹がしなり、その力の伝達で腕が鞭のようにしなって指先からボールが離れていくようなイメージです。一つひとつの筋が協調して働くと、最小のエネルギーで最大の力を発揮することが可能となります。

コアスタビリティ

・体幹の安定性

「リセット」フェーズで筋を緩め、関節可動域を改善することでモビリティ（可動性）が獲得されます。モビリティが獲得されたうえでのスタビリティ（安定性）が必要です。いわゆる「モビリティファースト、スタビリティネクスト」（66ページ）です。

ピラミッドの土台が築かれていなければ、一生懸命に体幹トレーニングを行っても、正しい安定性は獲得できません。また、体幹をガチッと固めるようなトレーニングではなく、動作を伴ったトレーニング、つまり動的安定性を高めるトレーニングが必要です。

ピラミッドのリセットからコアスタビリティまでがピラティスの主な役割です。

ストレングス

・基礎筋力

ピラティスでも基礎筋力はつきますが、各スポーツ種目に応じた筋トレマシンやフリーウエイト（ダンベルやベンチプレスなど）を利用したレジスタンストレーニングを行います。

エクスプローシブ

・SAQ

エクスプローシブとはパワーやスピードを必要とするトレーニング法。SAQは「S：スピード」「A：アジリティ（敏捷性＝方向転換や位置変換）」「Q：クイックネス（俊敏性＝素早さ）」を高めて競技力を向上させるトレーニング。戦術的に役立つような技術の獲得を目指します。

「アスリートピラティス」が4つのフェーズをカバー

一般的にはエクササイズ・ピラミッドの、上の3つのフェーズしか実践されないことが多く、それは土台の築かれていない不完全なトレーニングであると言えます。下の「リセット」「アクティベーション」「ファンクショナルムーブメント」があってこそ、「コアスタビリティ」を正しくトレーニングすることができます。最初のフェーズである「リセット」が行われれば、早期に疲労が回復し、怪我を予防し、競技力が向上、そして日々のコンディションを保つことが可能となるでしょう。

アスリートピラティスはコアスタビリティまでの4つのフェーズの獲得を目標としていますから、しっかり実践して、パフォーマンスアップを目指しましょう。

ウォーミングアップ

フィジカルとメンタル、どちらにも優れたメソッド

最高のパフォーマンスが発揮できる

ピラティスは、試合や練習前のウォーミングアップとしても適しています。ウォーミングアップは主に筋を適切な温度に上げてアクティベート（活性化）し、筋・腱や関節の可動性を高めて自在に動けるようにし、最高のパフォーマンスが発揮できるように行います。

メンタルの調整もウォーミングアップには必要不可欠で、過度の緊張を抑え、集中力を高めることが大切です。ピラティスはフィジカル面を活性化し、メンタル面においては集中力をアップさせる優れたメソッドです。

フィジカル面では、アウターマッスルに先立ってインナーマッスル（17ページ）を活動させることで、アウターマッスルの筋群が適切に活動できるようになり、四肢*（腕と脚）が動きやすくなります。

*【四肢】
上肢（腕）と下肢（脚）

ウォーミングアップの基本的な流れ

- スタティックストレッチ
- ランニング、バイク
- ダイナミックストレッチ または ピラティス
- 競技別の予行運動（キャッチボールや、ドリブルなど）

メンタル面では、環境が違ったり対戦相手がいたりする場合、緊張が高まり本来のパフォーマンスを発揮できない場合もあります。そうした状況でピラティスを行えば、集中力を高めることで心理状況を緩和することも可能です。

ウォーミングアップにおすすめ

04 スイミング

→体幹の安定、四肢のコーディネーション向上

32 シザース

→骨盤の安定、下肢のスピードをコントロール

33 サイドキック

→体幹の安定、下肢のコントロール

40 スキャプラローテーション

→ハムストリングス・臀筋の強化、体幹安定

メンタルコンディショニング

スポーツ選手のメンタルストレスを和らげる

トップアスリートのメンタルコントロール

多くのスポーツ選手に接していると、パフォーマンスとメンタルはとても深く関係しているということを感じます。トップアスリートはメンタルが強い、または鉄のハートの持ち主とよくいわれますが、メンタルが強いというよりは、メンタルをコントロールする能力が高いと言えるでしょう。思い通りのパフォーマンスができないときでも、気持ちを立て直す対処のしかたを身につけているのです。

ピラティスのメンタル効果

スポーツは、楽しい一面もありますが、ストレスを感じることも多いのではないでしょうか。例えば、怪我をしてしまい、仲間が練習しているのを見ていなければならないとか、試合に出場できないとか、成績が低迷したままだとか、大きなストレスを抱えてしまうシーンがスポーツは多くあります。

そのようなときは、不安や恐れ、焦りなどからいったん自分を引き離す手法が有効です。常に自身の身体に意識を向けることを求めるピラティスは、メンタルコンディショニング効果を持つことが認められています。ある研究では、ピラティスを８週間実施したところ、うつ病の改善につながったことが報告されています。*

また、ピラティスを終えた後は、自分の身体をコントロールできているという自信が生まれ、継続できていることで起こる前向きな姿勢に変わっていくことでしょう。

* Ravari A, Mirzaei T, Bahremand R, Raeisi M, Kamiab Z. The effect of Pilates exercise on the happiness and depression of elderly women: a clinical trial study. J Sports Med Phys Fitness. 2021 Jan;61(1):131-139.

自律神経と内臓機能の活性化

交感神経と副交感神経のバランスを良くする

睡眠もコントロール

疲労回復がうまくできないまま、次の試合や練習に臨むことを繰り返していると、睡眠障害、倦怠感、不整脈や血圧異常など、さまざまな生理的な異常が表れ、慢性疲労状態に陥ります。いわゆるオーバートレーニング症候群です。

ジョギングなど健康のための運動を続けている人でも気づかないまま疲労をためてしまい、そのような不調を感じることがあります。アスリートはさらに試合やきついトレーニング、心理的ストレスなどで自律神経が乱れやすいと言えるでしょう。

ある研究では、ホルモンバランスが乱れた対象者にピラティスを12週間実施したところ、睡眠の質の向上と、疲労回復に効果があったことが示されました。*

＊ Aibar-Almazán A, Hita-Contreras F, Cruz-Díaz D, de la Torre-Cruz M, Jiménez-García JD, Martínez-Amat A. Effects of Pilates training on sleep quality, anxiety, depression and fatigue in postmenopausal women: A randomized controlled trial. Maturitas. 2019 Jun;124:62-67.

内臓機能を活性化する

アスリートにとって胃腸の調子が悪く、十分な栄養が摂れない、ということがあっては困ります。ピラティスの効果の一つとして、内臓機能の活性化を挙げることができます。

腹腔にはたくさんの臓器が詰まっています。この臓器を支えているのが腹横筋などのインナーマッスルです。ピラティスは後述するドローインという方法でインナーマッスルを活動させ、重力や筋力不足で下垂しやすい内臓を、働きやすい本来の位置に保ちます。

また、ピラティスの呼吸法が全身の血液の流れを良くし、各細胞にも十分な酸素と栄養が送られることで内臓機能が高まると考えられています。

スポーツ指導者や医療従事者を対象とした指導者育成コースの様子。
現在はマットコースとマシンコースを開催している。

■ Athlete Pilates AP ™
指導者資格取得（2015年）

深井正樹

現駒澤大学サッカー部コーチ

「現役Jリーガーが指導者資格を取得」（当時の掲載文）

プロサッカー選手を職業にしている私は、自分のトレーニングにもピラティスを取り入れていました。プロ選手としては決して若くはない私は、セカンドキャリアを考え始め、興味のあったピラティスインストラクターの養成講座を探していたときに本橋恵美先生の経歴を見て、ここにしようと軽い気持ちで受講しました。想像以上に専門的で必死で勉強し、みんなになんとかついていけるように頑張りました。受験勉強ばりに早朝、早く起きて勉強したり、スタバに早く行って、養成生みんなで勉強したりしました。

この養成講座では、ピラティスのことはもちろん、骨や筋肉のことだけではなく、身体についてかなり幅広く勉強しました。この歳になると勉強する機会がないと、自分に甘くなりなかなか勉強しないので、とても良かったです。何より、本橋恵美先生という素晴らしい人間に出会えたこと、そして共に苦しみ頑張った仲間ができたこと、この二つが私にとっては、かけがえのない宝物になりました。
素晴らしい出会いに感謝!!

Chapter 4

アスリートピラティスの エクササイズ

アスリートピラティスのエクササイズとしての特徴をさらに詳しく、スポーツ医学の理論と実践法を十分に理解しておきましょう。身体についての知識を得ることはトレーニングを継続するためのモチベーションにつながります。

モーターコントロールを高める

運動を制御する能力

脳と神経系が動きをコントロールする

運動するには筋力や技術が必要ですが、それ以上に大切なものがあります。それは運動（動作）をコントロールする能力です。スポーツ医学ではこれを**モーターコントロール**[*1]と言います。モーターコントロールは1900年頃、ロシアの運動生理学者ニコライ・ベルンシュテイン博士が提唱した理論です。[*2]

日本語で表現するならば「運動制御」となるでしょう。難しい言葉と感じるかもしれませんが、思い通りに動きをコントロールし、力の加減や、バランス感覚などをサポートする能力です。言い換えるならば「最適な筋活動パターンを行わせるシステム」です。そこには脳と神経系が大きく関わっており、関節や筋の動きをコントロールします。それは姿勢を正すことや、重力に抵抗する能力を高めることを意味します。

＊1
【モーターコントロール】
「キネマテックコントロール」とも表現される。

＊2
ニコライA・ベルンシュタイン：動作構築のレベル・工藤和俊訳、佐々木正人監訳・デクステリティ巧みさとその発達・金子書房、東京、2003. pp.132-203.

モーターコントロールとピラティス

モーターコントロールによって、関節や筋の動きをコントロールすることができれば、柔軟性が増し、体幹が鍛えられ、バランス感覚が高まり、姿勢や動作パターンが改善されます。本書「アスリートピラティス」では、スポーツ医学に基づき、体幹筋（ローカル筋とグローバル筋）の効果的な刺激のしかた（56ページ）や呼吸法（76ページ）、全身の可動性と安定性（68ページ）などについて詳しく説明し、モーターコントロールをより高めるためのポイントをご紹介します。

スポーツを継続していくために必要な動きの正確性、制御（コントロール）、持続性を獲得するには、モーターコントロールエクササイズは必須と言えます。また、この能力を獲得することは運動器障害の一次予防につながります。

ローカル筋とグローバル筋

モーターコントロールエクササイズのポイント

腹横筋や多裂筋が先行収縮

脊椎の周囲の筋は、腰椎安定化の機能や構造的な面から**ローカル筋**と**グローバル筋**に分類[*1]されます。モーターコントロールエクササイズを行うときは、はじめに体幹のローカル筋を正しく使うことが基本になります。

ローカル筋は、体幹を安定させる役目があり、遅筋繊維を多く含むため持久力があります。構造的には、脊柱に近い深部にあり、筋の起止部または停止部が腰椎に直接付着していて、特に腰部の安定性に貢献しています。

そしてグローバル筋は、爆発的な力を発揮する役目があり、速筋繊維を多く含むため長時間持続する動きには適していません。構造的には胸郭と骨盤をつないでいて、脊椎に直接付着せずに脊柱から離れて体幹の表層にあり、胸郭から骨盤に力を伝達する役割を果たしています。こうした理由からも、グローバル筋が活動する前に、ロー

＊1 Bergmark A. : Stability of the lumbar spine. A study in mechanical engineering. Acta Orthop Scand, 230 (suppl) : 20-24, 1989.

ローカル筋とグローバル筋の共同作業によりコアの剛性が高まる

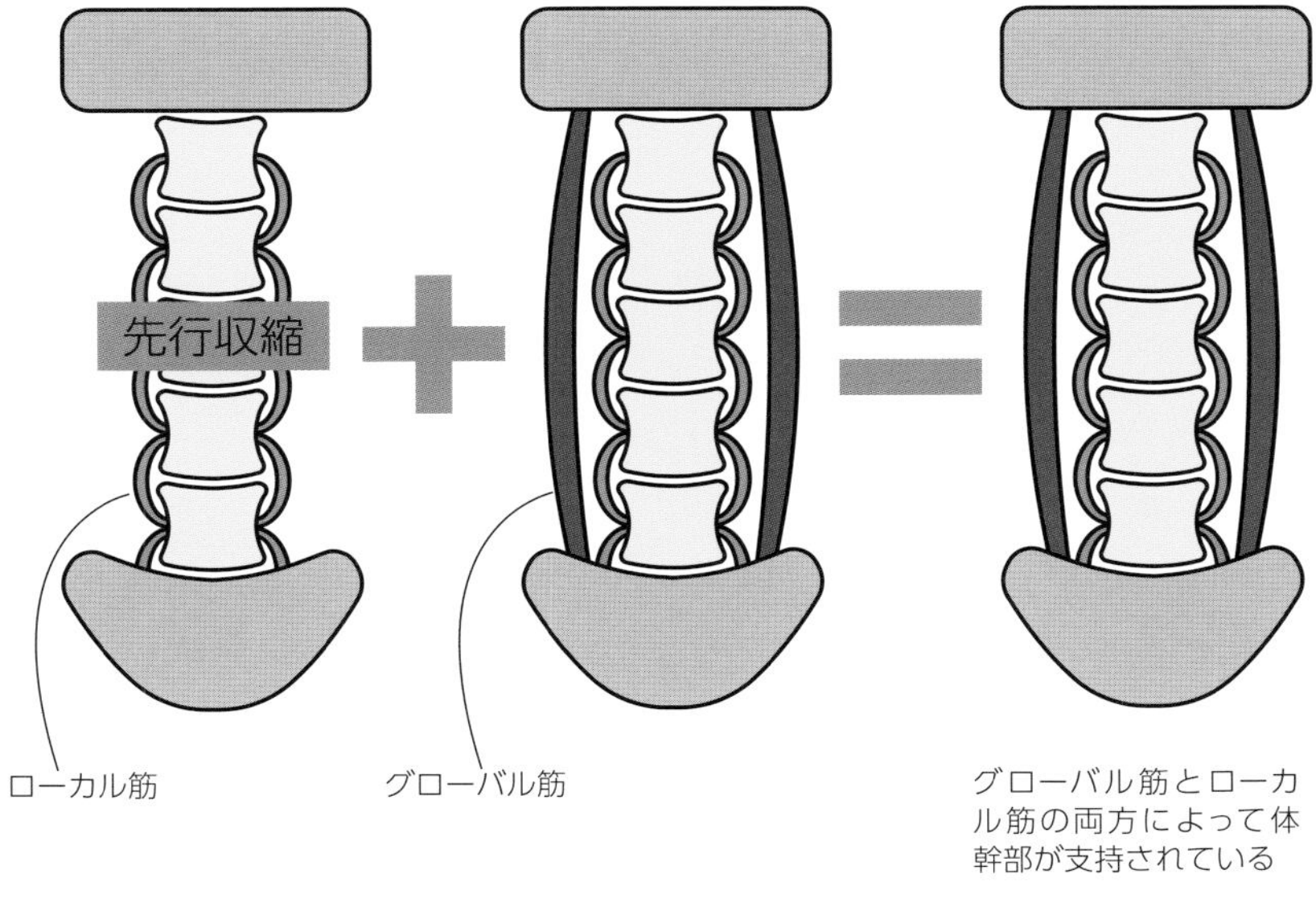

カル筋である腹横筋や多裂筋が自然と活動できるようになることが理想です。

人は息をするだけでも動きや揺らぎを伴っています。つまり固める安定性ではなく、機能的に動くための安定性が必要となります。動作時にローカル筋の活動がない状態で、グローバル筋を使って動くと、体幹がぐらついてしまうだけでなく、腰部にストレスが集中してしまい腰部障害にもつながります。

このようにローカル筋の活動後に腹直筋や、脊柱起立筋などの大きい筋が活動すると、体幹の剛性が高まります。*2 体幹を安定させたうえで、大きな力を発揮し、体幹から四肢（腕や脚）へ力が伝達されるのです。このポイントを押さえてトレーニングを行えば、スムーズに身体をコントロールし、正確に動けるようになり、持続性も高まります。

このローカル筋は体幹の他にも肩関節、膝関節、股関節など関節の深部に位置する筋は関節に適度な緊張を与え、安定性を高める働きをしています。

股関節を活性化させるピラティス

ピラティスは、股関節のローカル筋である大腰筋（大腿骨と背骨をつないでいる

＊2 Stanton T and Kawchuk G. : The effect of abdominal stabilization contractions on posteroanterior spinal stiffness. Spine, 33 (6) : 694-701, 2008.

剛性　外部から曲げやねじりの力が加えられたときに寸法変化が起こりにくい性質のこと。

＊3 Yoshio M, Murakami G, Sato T, Sato S, Noriyasu S. The function of the psoas major muscle: passive kinetics and morphological studies using donated cadavers. J Orthop Sci. 2002;7(2):199-207.

筋）を十分に活性化させることが得意なメソッドです。シングルストレートレッグストレッチ（138ページ）やクリスクロス（106ページ）など、股関節を深く屈曲した際に、グローバル筋の大腿直筋（大腿四頭筋の一つ）に比べ、大腰筋の活動量が大きくなることがわかっています。[*3*4] これはスポーツにどんな影響を与えるかと言うと、スタビリティジョイントである腰椎骨盤周囲がしっかりと安定するのです。[*5] こうして体幹が強くなります。

グローバル筋

腹直筋・外腹斜筋・脊柱起立筋群 など

胸郭と骨盤を直接つないでいる浅層筋
外的負荷に抵抗し、大きな力を出力

ローカル筋

腹横筋・多裂筋・腰方形筋（内側）など

腰椎に直接付着している深層筋
最大筋力の10%～30%の強度で
持続的に作用

動きの正確性、制御、持続性を改善

↓

個々の脊椎分節の安定

局所のストレス軽減

アライメント修正

（Bergmark 1989）

＊4 Juker D, McGill S, Kropf P, Steffen T. Quantitative intramuscular myoelectric activity of lumbar portions of psoas and the abdominal wall during a wide variety of tasks. Med Sci Sports Exerc. 1998 Feb;30(2):301-10

＊5 Liebenson C, Karpowicz AM, Brown SH, Howarth SJ, McGill SM. The active straight leg raise test and lumbar spine stability. PM R. 2009 Jun;1(6):530-5.

ドローイン

腹横筋を先に活動させる

腹圧が高まり腰部が安定

では、どのようにローカル筋を先に活動させるのでしょうか？　お腹を軽く凹ませる（引き込む）ドローイン（Draw-in）という方法があります。人によって違いはありますが、思い切り凹ませたときの、20〜30％程度凹ませると、腹横筋が先に単独で収縮し、腹圧が適度に高まり、腰部や骨盤が安定することがわかっています。[*1][*2]

ただし、注意しなくてはいけないのが、力を入れすぎて固めてしまうこと。また、腰の生理的弯曲（自然な前弯のカーブ）を保ったまま行うことが重要です。腰にスペースがない状態でドローインを覚えてしまうと、骨盤は常に後傾する癖がついてしまいグローバル筋である腹直筋も同時に活動する癖がつきます。スポーツに骨盤の後傾や前傾は必要な動作ですが、まずはニュートラルな骨盤の姿勢でチャレンジしてみましょう。競技のスタートポジションの多くはニュートラルもしくは前傾位だからで

腹横筋の活性化で腹圧を高めStabilityを保つ

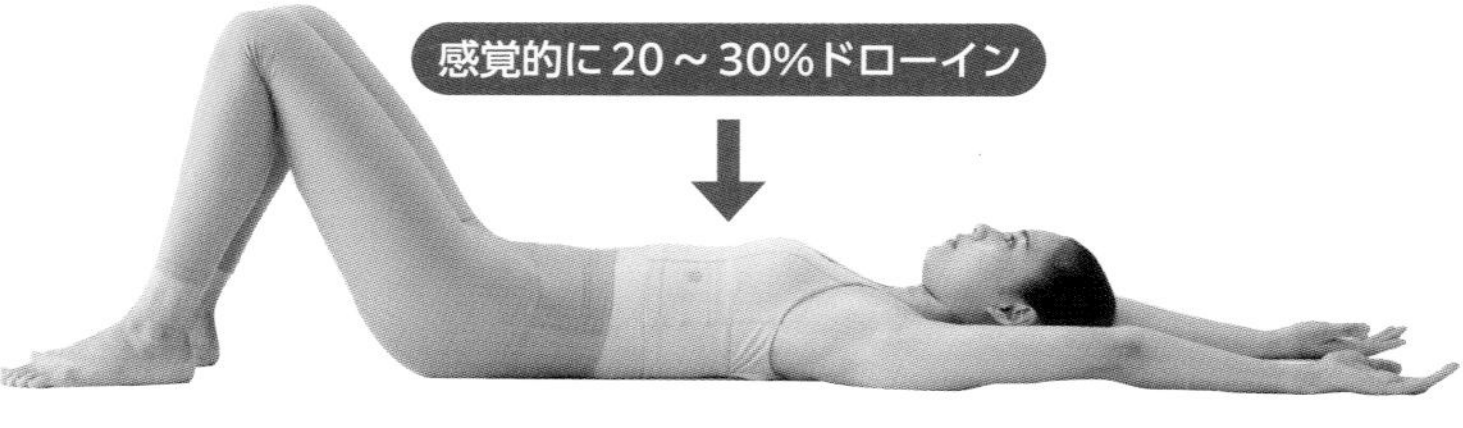

す。これを習得した後は骨盤の前傾位や後傾位でも練習してみましょう。

さらにラグビーのスクラムのように爆発的なコンタクトプレーなど、腹部を最大限膨らませながら腹部に力を入れるブレーシングといった形式を習得するのはとても理想的です。

初心者は次のように練習しましょう。

1 仰向けになり、膝を90度に曲げる。

2 腰に手のひらが入る程度のスペースをつくる。（生理的湾曲のキープ）

3 息をゆっくり吐きながら、お腹を軽く凹ませていく。

実際に腹横筋が動いているかどうかを自分で確認する方法があります。骨盤の正面左右にある出っ張り（上前腸骨棘）に触れてみてください。下図の○の部分です。ここから指2本くらい内側下方に指先を軽くあて、ドローインを行うと、指が背中側に下がるようであれば、腹横筋が収縮しています。反対に指が押されるような感覚があれば、その他の筋も働いていることになります。ぜひ試してみてください。特に意識しなくてもドローインが保てるように普段の練習で自動化しておくことが大切です。

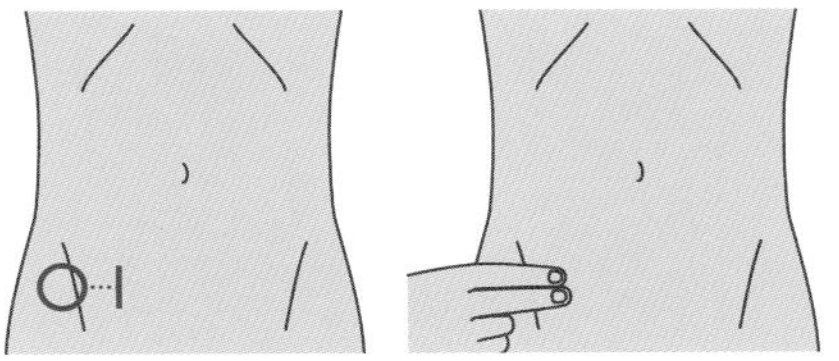

ASIS（上前腸骨棘）から指２本内側下方

＊1 Hodges P, Kaigle Holm A, Holm S, Ekström L, Cresswell A, Hansson T, Thorstensson A. Intervertebral stiffness of the spine is increased by evoked contraction of transversus abdominis and the diaphragm: in vivo porcine studies. Spine (Phila Pa 1976). 2003 Dec 1;28(23):2594-601

＊2 Barker PJ, Guggenheimer KT, Grkovic I, Briggs CA, Jones DC, Thomas CD, Hodges PW. Effects of tensioning the lumbar fasciae on segmental stiffness during flexion and extension: Young Investigator Award winner. Spine (Phila Pa 1976). 2006 Feb 15;31(4):397-405

腰痛とピラティス

スポーツと腰痛は永遠の課題ですね。２０１７年の米国内科学会による「腰痛診療ガイドライン」*においても，慢性腰痛に対して最もエビデンスのある治療法は「運動療法」であると記載されています。そしてこの数年でピラティスは運動療法のメソッドとして認知される時代となりました。腰痛の原因の多くは腰椎の上下にある股関節と胸椎の関節可動性の低下により、代償して腰が動き過ぎてしまうことにあり、腰痛を発症しやすいのは腰椎の４番、５番、仙骨の１番（Ｌ４、Ｌ５、Ｓ１）です。ここばかりに動きが集中しないよう意識しなくてはなりません。後述する(68ページ)ジョイント・バイ・ジョイント・セオリーの観点から考えると、改善するためにはこの可動性を獲得したうえで、腰椎の安定性を高める必要があります。

また、グローバル筋とローカル筋の共同作業が必要で、バランス良く機能させなくてはなりません。グローバル筋は外からの負荷に対抗し、大きな力を出力し、脊柱の運動に影響します。対してローカル筋は最大筋力の10～30％の強度で持続的に作用します。これは、グローバル筋に着目したトレーニングのみでは腰痛は改善されないこ

＊Qaseem A, Wilt TJ, McLean RM, Forciea MA, Clinical Guidelines Committee of the American College of Physicians. : Noninvasive Treatments for Acute, Subacute, and Chronic Low Back Pain : A Clinical Practice Guideline From the American College of Physicians. Ann Intern Med, 166 (7) : 514-530, 2017.

とを意味しています。動き出すときにグローバル筋が先に動いてしまい、体幹が不安定なまま、大きな力を発揮してしまうと、スポーツ動作すべてが不安定になってしまいます。これはコントロールが定まらないことになりますから、まずはローカル筋に対する運動を身体が学習し、局所にストレスが集中しないようにする必要があります。

椎骨1つ1つをコントロールすることで脊柱全体がしなやかに協働して、その動きが手脚に伝達し、パフォーマンスが向上していくことがアスリートピラティスを行うことの目的です。そして動きの正確性、コントロール、持続性を改善することが腰痛改善への道となります。ローカル筋である腹横筋や多裂筋には固有受容器というセンサーが多く分布し、「動きすぎだよ」「この動作にはこれくらいの力の発揮が必要だよ」といった指令を脳に出すなど、脊柱の安定性に大きく関わっています。

関節の可動性と安定性

適切な関節の使われ方

モビリティ

可動性は、英語でモビリティと言われ、スポーツをする人が第一に獲得しなければなりません。モビリティとは「動作時における動きの自由度のこと」と定義されています。この自由度を獲得するとは、ただ身体を柔らかくすればいいというものではなく、関節の適切な可動域を確保し、筋腱は張力（伸び縮みするテンション）が適正化されることです。

しかし、アスリートの多くは過活動によってスティフネス（関節が硬くなり、筋緊張が起きる）を生じやすいのが現状です。特にモビリティジョイント（可動性が求められる関節）である足関節・股関節・胸郭・肩関節においては、適切に可動するよう改善する必要があります。

スタビリティ

　スポーツに必要な安定性を動的安定性と言い、英語ではスタビリティです。「関節、肢位を適切な状態に保持する能力」です。体幹のスタビライザー（安定筋）は、姿勢の切り替えや身体のバランスを保つ助けをするために反射的に動きます。この反射的な動作はまさにモーターコントロール機能によるものと言えるでしょう。

　動的安定性（ダイナミックスタビリティ）とは、「動作の自由度と適切なアライメント（骨の配列）を同時に保持すること」です。また、静的安定性（スタティックスタビリティ）というものあり、運動時や大きな重心移動の際に、関節運動を最小限に留めながら適切なアライメントを保持する能力も含まれます。

　スタビリティが得られず、身体が十分に機能しない状況に陥ると、活動量が低下し、身体は必要最低限の動作やエネルギーしか使わなくなり、モビリティとスタビリティのどちらも失われ、協調的な機能が低下してしまいます。

モビリティファースト・スタビリティネクスト

このように人の関節にはモビリティとスタビリティがありますが、体幹エクササイズという名のもとにスタビリティだけを高めるようなトレーニングに励んでいる人が多いのですが、スタビリティより先にモビリティを改善しなくてはなりません。適切な関節の可動域や適切な筋の伸張がないなかでスタビリティを求めるようなトレーニングを先に行うと、代償動作で誤魔化してしまいます。本来目的としている主働筋が出力できず、協働筋に過負荷がかかることになります。代償動作によって得られたスタビリティは不適当で、筋の過緊張などによって、単に固めていることが多いのです。

アスリートピラティスでは、股関節を分離的に動かしたり、脊椎を細かく分節的に動かしたりすることによってモビリティを獲得することができます。また、ローカル筋とグローバル筋の共同作業によって、強靭なスタビリティを獲得し、安定した動作が可能となります。こうして「適切な関節が／適切な可動域において／適切なタイミングと／適切な強度で利用され」スポーツのパフォーマンスは向上していくのです。

リハビリやスポーツにおいても、全身の可動性を向上させてから、安定性の獲得を目指すようにしましょう。

Mobility First Stability Next

Moter Control

適切な関節が

適切な可動域において

適切なタイミングと

適切な強度で利用される

関節の主な役割

ジョイント・バイ・ジョイント・セオリー

可動性と安定性の組み合わせ

正しい動作とは、効果的な動きの連続性を生むように関節の可動性と安定性が組み合わされたものです。

この関節の機能を考えるうえで重要なコンセプトがジョイント・バイ・ジョイント・セオリー[*1]です。各関節には、モビリティとスタビリティのいずれかを主要な機能として持ち、それが交互に積み重なっているという考え方です。[*2] 足関節は動くべき

＊1
【ジョイント・バイ・ジョイント理論】
Joint by Joint Theory

＊2
Cook G：SFMA ブレイクアウトの詳細とフローチャート．ムーブメント、中丸宏二ほか監訳、ナップ、東京、311、2014

股関節と同じく球関節であることから可動性が求められる。一方で特に肩甲上腕関節には大きな機械的負荷が加わり、亜脱臼などが多いため、肩周囲のインナーマッスルも鍛え安定性も高めたい関節である。

腰椎に対して回旋は約30度、伸展は15～20度と、非常に可動域が広い関節である。しかし大胸筋など大きな筋の過緊張が起こりやすく、可動性が低下しやすいので十分に可動性を獲得しなければならない。

球関節（関節の形状）で自由に動くことから、可動性の関節に分類されるが、可動域を超えてしまう（例えば開脚ペタッというような動作）と怪我につながる。正しい可動域をしっかり把握しなければならない。スポーツ障害が起きやすい大腿部や腰部への負担を軽減するためにも股関節の可動性は必須である。

背屈（つま先をあげる）に可動域制限がある場合、横にひねるなど代償動作が起きて、捻挫が生じやすく、外傷・障害へつながりやすくなる。

関節の主要な機能

Stability Joint　　Mobility Joint

特に障害が起きやすいのは行き過ぎた回旋と伸展である。可動域の範囲内（回旋5度・伸展15度）で安定させ、負荷を脊柱全体に分散させよう。

矢状面（前後の動き）での屈曲や伸展（膝を曲げたり伸ばしたり）の可動性は必要だが、前額面（横の動き）及び水平面上（ひねる動き）には非常に弱く、靭帯や膝蓋骨を損傷しやすい箇所。そのため安定性が求められる関節である。

各関節は、優先されるべき可動性と安定性が交互に下から積み上がっている

足底にプロプリオセプター（固有受容感覚器）が多数存在する。足底がぐらついてしまうと正しい感覚情報を受け取ることができなくなる。距骨下関節が安定していれば受け取った情報がコアの機能と連動し、全身のスタビリティを保ち、姿勢が適正化される。

※主要な部分のみ説明文を入れています
※距骨下関節と距腿関節は「足関節」と表現されることがあります

関節、その上に安定すべき膝関節があり、さらにその上に動くべき股関節、またその上に安定すべき腰椎があるといった具合です（図69ページ）。

ただし、逆の機能が全く不必要というわけではありません。再発を繰り返す足首の捻挫や腰痛など慢性障害との関連で考えたときに、これらの主要な機能が失われた際に問題が起こりやすいということです。

この理論は、スポーツパフォーマンスだけでなくリハビリにおいても、動作に問題が生じている場合の有効なアプローチ法と考えられています。また痛みや怪我をしたときに原因を見つけるうえで必要な理論です。

プロ野球の合宿。投手や野手たちが揃い、自主トレ期間にアスリートピラティスを導入。投げる・打つために主に胸郭の回旋・伸展と、股関節の可動性を獲得するためにトレーニングをする。

エロンゲーションとアーティキュレーション

しなやかに動くための呼吸

エロンゲーション

椎骨は全部で26個あります。頸椎7、胸椎12、腰椎5、仙骨1、尾骨1で26個です。高齢になって以前より身長が低くなるのは、腰が曲がったり、猫背になったりということもありますが、椎骨間のスペース（椎間）が潰れて、脊柱全体が縮んでしまっていることに原因があります。

アスリートピラティスを行うときは、吸気に合わせて椎骨と椎骨のスペースを広げるように身体を動かすと、脊柱がしなやかに動くようになります。背筋がスーッと伸びて姿勢が良くなるイメージです。この縦軸方向に伸びることをエロンゲーションと言います。もし椎間にあまりスペースがない状態で脊柱を動かそうとすると、動きに制限が出てしまい、椎間関節に負担がかかることもあります。ですからいったん縦軸方向に伸ばして、スペースができてから動かす方がスムーズかつしなやかに動くこと

エロンゲーション（縦軸の伸長）

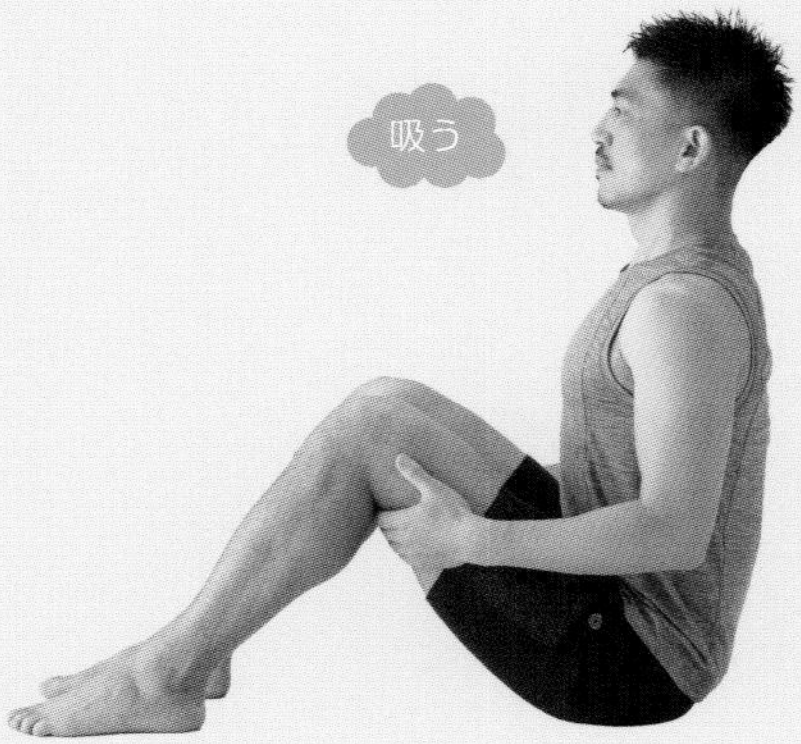

椎骨間の空間が広がり、制限されていた関節可動域や筋機能が高まる

アーティキュレーション（分節的運動）

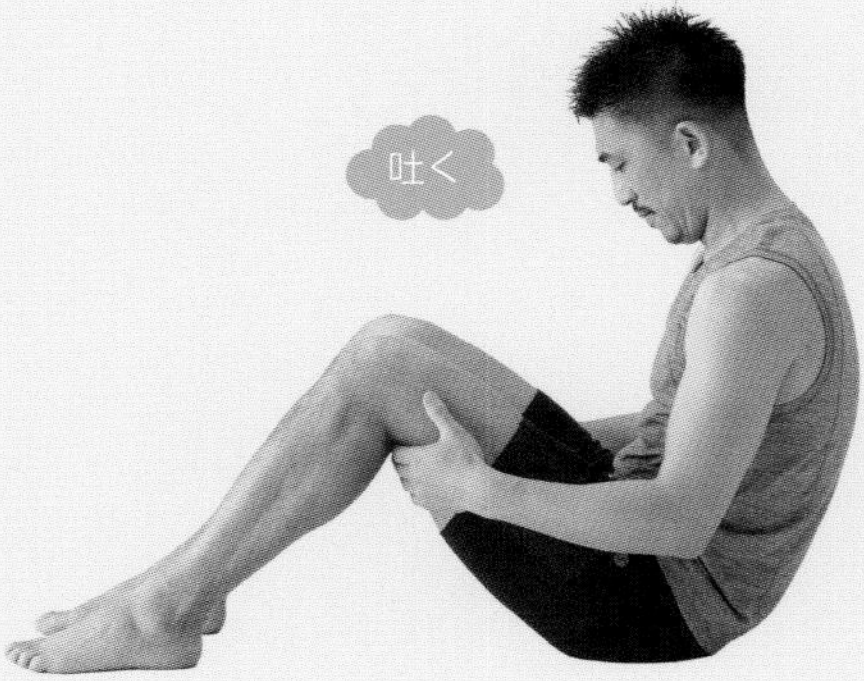

椎骨１つずつを分節的に動かす

↓

脊柱全体の力や負荷を均等に分散

ができます。

アーティキュレーション

このようにしなやかな動作にするためには、椎骨1つ1つが分節的に動くことが非常に重要です。これをアーティキュレーション（分節的運動）と言います。

ピラティスでは体幹を動かすときに、息を吐きながら椎骨が1つずつ動くように意識します。一箇所だけにメカニカルストレスがかからないように、つまり負荷が一部に集中しないように均等に分散されることを目的としています。これは怪我を予防することにつながり、しなるように動かせるコツとなります。特にスポーツでは背中を反らせる動作が多いため、背骨の一部ばかりか動いてしまうと、若年者であれば腰椎分離症などの障害が起きやすくなります。

以上のことから、エクササイズのときは、背骨を有効的に使うために、呼吸とリンクさせて身体を動かす必要があります。

呼吸とリンクする身体の動き

具体例を挙げてみましょう。例えば野球の投球時、ワインドアップとアーリーコッキング（投球開始のポジションから腕を後方に引き構えるまで）の際、無意識のうちに息を吸っています。そしてアクセラレーションからフォロースルーの際（リリースから腕を振り切るまで）、思い切り息を吐いています。

このように無意識下で吸気時にエロンゲーションと、呼気時（息を吐く）にアーティキュレーションが起こります。無意識に行われている呼吸ですが、間違えた呼吸を繰り返してしまうと怪我につながり、パフォーマンスも落ちますが、正しく呼吸と動作が連動していれば、効率よく身体は動き、最大の力を発揮することができるでしょう。呼吸のメカニズムに関しては76ページから解説します。

呼吸の仕組み

腰部の安定性を高め、メンタル効果も

呼吸と体幹の安定性

体幹を強くするには、構成している筋や、それらが協力して働くメカニズムについて知ることが大切です。体幹は横隔膜を境にして上を胸腔、下を腹腔の二つに分けることができます。胸腔には肺や心臓があり、呼吸器官として大きな役割を果たしています。

腹腔には腹腔を取り囲む４つのインナーマッスルがあります（17ページ参照）。**横隔膜**、**腹横筋**、**多裂筋**、**骨盤底筋群**です。これらが共同して機能することで最強の体幹筋となり、**インナーユニット**と呼ばれます。最強と言っても裏方のような役割をしていて体幹を安定させるために働きます。ではこのインナーユニットはどのように呼吸と関係しているのでしょうか。

メインとなる呼吸筋は横隔膜です。構造的にも体の中心にあり，横隔膜ほど身体的，

生化学的，精神的にも中心の役割を果たしている筋はないと言えるでしょう。弛緩しているときには上に膨らんだドーム型をしており、吸気時（吸う）に肺が膨らみ、横隔膜は収縮して下がり、呼気時（吐く）には肺が縮み、横隔膜は弛緩しドーム型に戻ります。

横隔膜の可動域

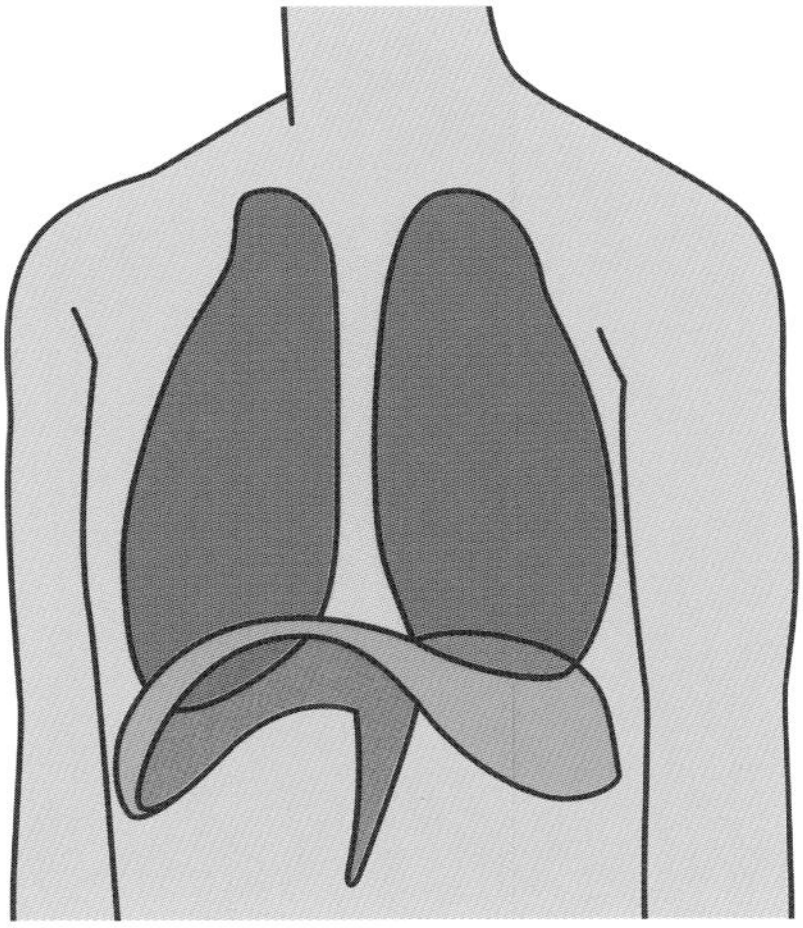

息を吸ったとき

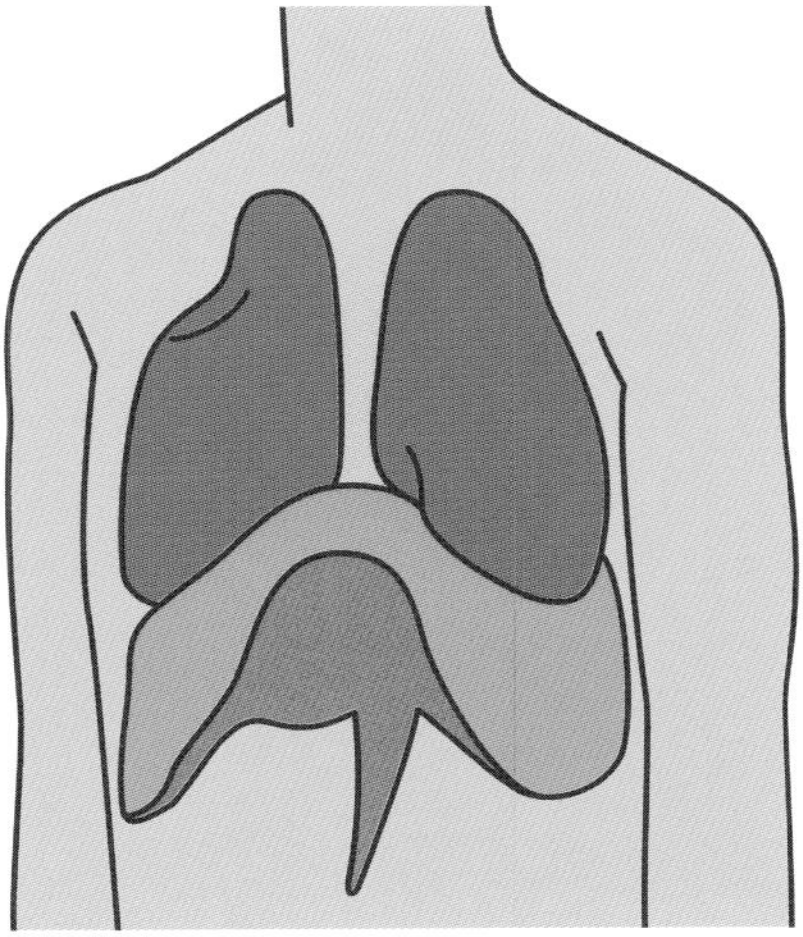

息を吐いたとき

一見、肺が主導しているように感じますが、実は心臓のように自ら縮むことができない肺を助けているのは非常に弾力がある横隔膜なのです。横隔膜の収縮と弛緩によって、肺を囲む容積が変化して、空気の出し入れが可能となります。

さらに横隔膜と同時に多裂筋が活動し、体幹の縦軸方向への伸展機能（エロンゲーション）により、体幹が安定すること[*1]や、腹腔内圧が高まることで腰部の安定性が高まることが研究で明らかになっています。[*2]

呼気時には、残りの2つの筋、腹横筋と骨盤底筋群が収縮し腹圧が高まります。腹横筋は腹部が凹むように内側に収縮し、骨盤底筋群は頭の方へ上がります。しかし、仙腸関節の痛みがある人はこの活動がうまくいかないため、若年者でも失禁などを起こすこともあります。[*3]

また、呼吸はメンタル面を正常に保つための役割もあります。スポーツをする人は落ち込んだり、ネガティブなことを考えてしまうことがよくあります。そういったときに深呼吸をすることで自律神経が整い、内臓の働きが良くなることも実証されています。[*4]

＊1 Paul W. Hodges, et al:In vivo measurement of the effect of intra-abdominal pressure on the human spine,Journal of Biomechanics,34: 347-353.2001,
＊2 Paul W. Hodges, et al:In vivo measurement of the effect of intra-abdominal pressure on the human spine,Journal of Biomechanics,38: 1873-1880.2005,
＊3 O'Sullivan PB, Beales DJ, Beetham JA, Cripps J, Graf F, Lin IB, Tucker B, Avery A. Altered motor control strategies in subjects with sacroiliac joint pain during the active straight-leg-raise test. Spine (Phila Pa 1976). 1;27(1):E1-8. 2002
＊4 Telles S, et al : BREATHING THROUGH A PARTICULAR NOSTRIL CAN ALTER METABOLISM AND AUTONOMIC ACTIVITIES.Indian J Physiol Pharmacol;38(2): 133-7. 1994

登山は低酸素であることや、メンタルとの戦いの連続であることから呼吸のトレーニングは必須である。

■ アルピニスト　野口 健

今年に入り本橋恵美先生との出会い。僕以上に僕のコンディションについて真剣に考えてくださる。そしてトレーニング一つ一つに必ず意味があるのだと。それをとっても丁寧に分かりやすく教えてくださる。それまでは自己流でトレーニングやっていましたが、僕の中で変化あり。毎回色々なテーマをもってトレーニングしています。

今日、始めてトライしたのは首のヘルニアを抱えているのでアライメントの改善。それ以外にも色々やりましたが、毎回発見が多い。そして課題も山積み。筋力のバランスが悪いんだなぁ。次のトレーニングまでに宿題が出ましたが、発見とは楽しいものですね。

それにしてももっと早く本橋先生と出会っていれば回復も早かったかもしれないと。しかし、体を壊した事がきっかけで、体幹トレーニングを始めたので、そう考えると全てに意味があるんですね。そして、これだけ前向きに真剣に汗を流しているのは久々です。まだまだ、まだまだ、ですが、この一歩一歩を大切にしていきたい。

2015年 野口健オフィシャルサイト・Facebookより

interview

身体の中心で打つという感覚がでるようになった。

Q なぜピラティスをトレーニングに取り入れることになったのですか？

はじめは石井琢朗《いしいたくろう》さん *1 と自主トレで、内川聖一《うちかわせいいち》さん *2 が取り組んでいたのを見てやってみようと思ったのがきっかけで 19 歳から継続しています。

*1 横浜ベイスターズ等で活躍　*2 福岡ソフトバンクホークス等で活躍

Q ピラティスを行ってみて、最初はどんな感想を持たれましたか？

最初はめちゃくちゃきついなと思いました。こんなにきついことがあるの？っていうぐらいきつかったです。

Q ピラティスを続けてこられて、身体やメンタル面での変化はありましたか？

身体面ではもともと腰や肩に怪我をもっていたので、実際にやってみて、今まではウエイトトレーニングをかなりやってきましたが、それ以上にピラティスって大事だなと実感できましたし、体幹の強さと怪我をしない身体づくりっていう意味では、すごくいいトレーニングだと感じました。

Q これまでに行ってこられたトレーニングと比べて、ピラティスが大きく異なっていることがあれば教えてください。

何か重りを持つとかではなくて、自分の体重で自分の身体を支えるっていうのがピラティスだと思います。重りを持ってやった後よりも、ピラティスをやった後のほうが身体に刺激が入ってるなと思いますし、何よりもきつかったです。ですがピラティスをやった後っていうのは、本当に身体が変わったと感じることができました。

怪我に強い身体ができると実感。

Q タイミング、時間、場所、意識など、これからピラティスを始めようとしているアスリートへのアドバイスがあればお願いします。

みっちりやるのであれば、マンツーマンで講師の方に見てもらうことをおすすめします。練習後や試合後に取り入れて怪我防止につなげてもらいたいです。

Q ピラティスは主に体幹の深層筋を強化する目的で行いますが、野球ではどのようなパフォーマンスアップが期待できますか？

僕は主に怪我にすごい強い身体ができるなと実感しましたし、打つことに関しては特に手と脚とかってよく言いますけど、お腹と背中、身体の中心で打つという感覚がでるようになりました。そういう面でも僕はいいなと思います。

Q 今後の抱負をお聞かせください。

今後もピラティスをやりながら、また本橋先生のもとでバリバリきついやつを頑張っていきたいなと。日課としてやるものと、本橋先生に見てもらうもの、やっぱり意味合いも変わってくると思うので両方で続けていけたらなと思います。ピラティス打法で頑張ります。

Part 2
アスリートピラティス
エクササイズ

基本ポジション

【ニュートラルポジション】

腰椎と骨盤をニュートラルポジションに置くことは、ピラティスの基本中の基本です。**ニュートラル（中間）の位置**に置くことによって腰椎と骨盤が安定し、安全にエクササイズを行うことができます。

骨盤の傾きを実際に感じてみましょう。

1

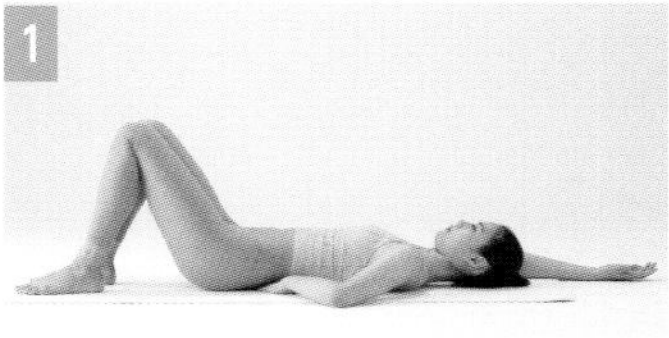

［ニュートラルポジション］仰向けに寝て、両膝を立てます。腰椎に自然なカーブができ、床との間に手にひら1枚分くらいの隙間ができます。

2

両手の親指と親指、人差し指と人差し指を軽く合わせ、三角形をつくります。

3

［骨盤の後傾］骨盤を後ろに傾けてみましょう。人差し指が上がるのが感じられます。腰椎の前弯が減少し、床との隙間がなくなります。

4

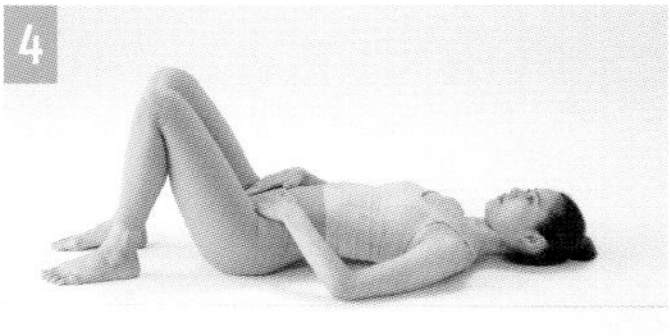

［骨盤の前傾］次に骨盤を前に傾けてみましょう。人差し指が下がるのが感じられます。腰椎の前弯が大きくなり、床との隙間も大きくなります。

5

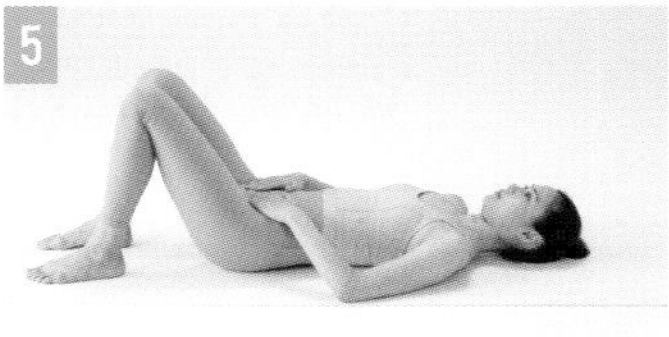

もう一度ニュートラルポジションに戻し、その位置と感覚を確認しましょう。

【テーブルトップポジション】

例：10 ロールオーバー

ピラティスの基本ポジション。両膝を立て、すねが床と平行になるようにまず片脚を上げ、さらにもう片方の脚も同じように上げます。

このような順番を守ることには意味があります。人は仰向けに寝ると普通は脚を伸ばします。その姿勢から両脚を一気に上げると大きな力を必要とし、腰が浮きやすいだけでなく、グローバル筋が先に使われることになります。腰に大きな負担がかかりますから、両脚を上げるときは写真のような順番で行いましょう。

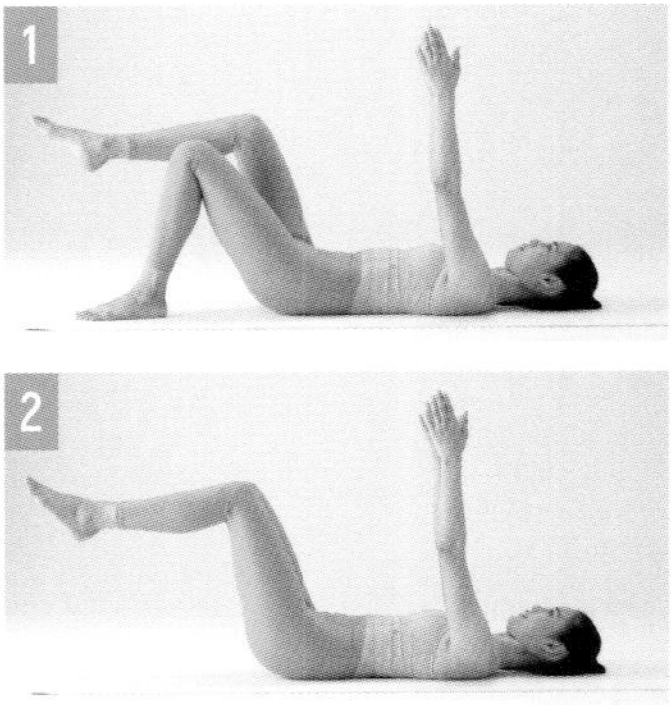

【頭を上げるエクササイズ】

例：02 ハンドレッド

頭を上げるエクササイズを終えるとき、頭を一気に下ろしたり、脚をバーンと落としたりするような動作は頚椎や腰椎を傷める恐れがあり、非常に危険です。必ず両膝を抱えてから、頭を下ろし、膝を立てましょう。

【脊柱を反らせるエクササイズ】

例：04 スイミング

脊柱を反らせるエクササイズのあとは、腰を丸める「チャイルドポーズ」を必ず行いましょう。腰がストレッチされ、リラックスできます。

股関節の分離運動

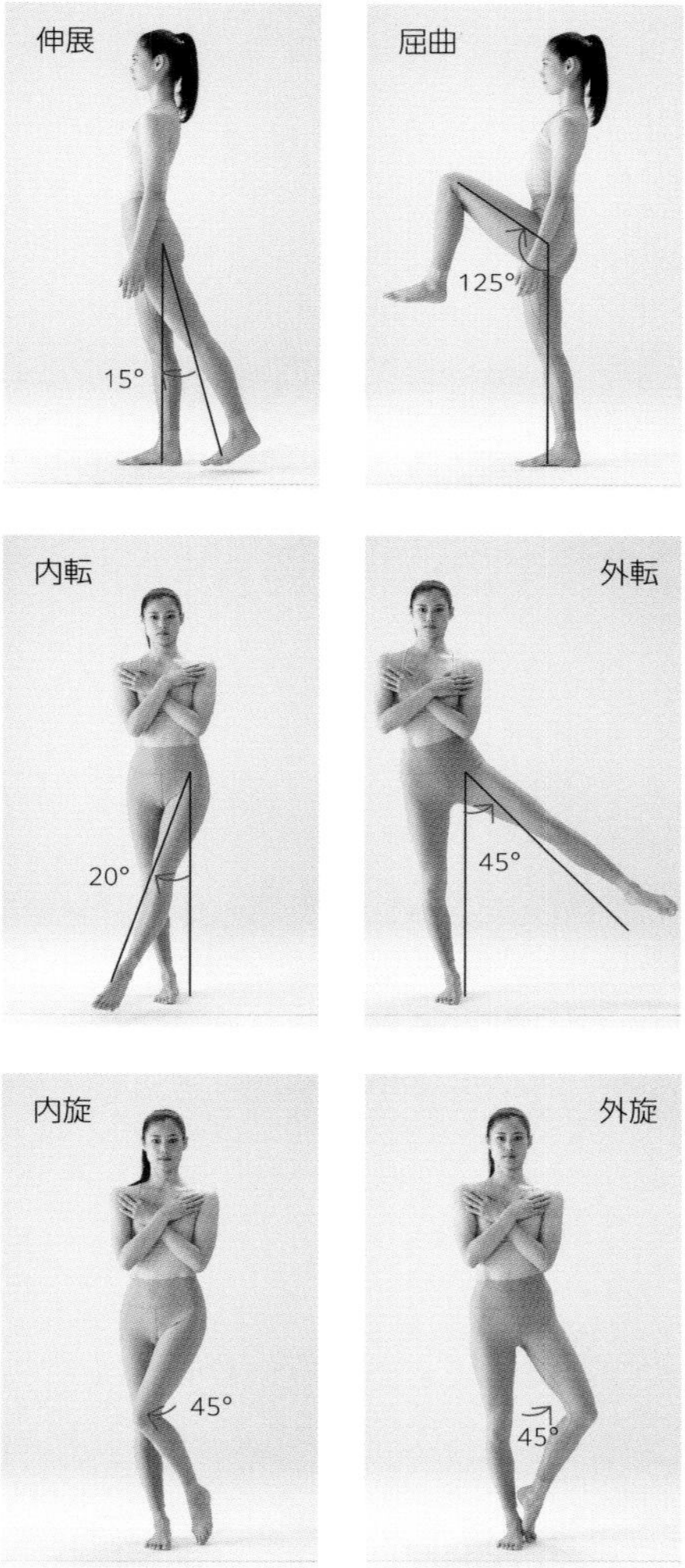

アスリートピラティスは、分離運動を特に意識したエクササイズです。私たちの身体は、全身が一体となって機能するようにできていますが、意識的に分離して動かすことで、それぞれの部位（関節）をよりスムーズに動かせるようになり、結果として全身がより協調して動くことにつながります。

股関節を例に挙げると、体幹を動かさずに脚だけを動かすということです。「21 シングルストレートレッグストレッチ」などがその例です。

ところで、股関節の可動域はどれくらいが理想でしょうか？　可動域を超えないようにエクササイズすることが大切ですので、写真で確認しておきましょう。

関節可動域

回旋

背骨の理想的な回旋（ねじり）の角度は、腰部が 5 度（スタビリティ）、胸部が 35 度（モビリティ）です。大事なのは胸部のねじりです。腰を無理にねじらないようにしましょう。

伸展

背骨の理想的な伸展（反り）の角度は、腰部が 15 度、胸部が 25 度。つまり腰を反らせすぎてはいけないということです。代わりに胸を柔らかく反らせることが大事です。

**肩はスポーツで怪我をしやすい部位です。
理想的な可動域を理解しておきましょう。**

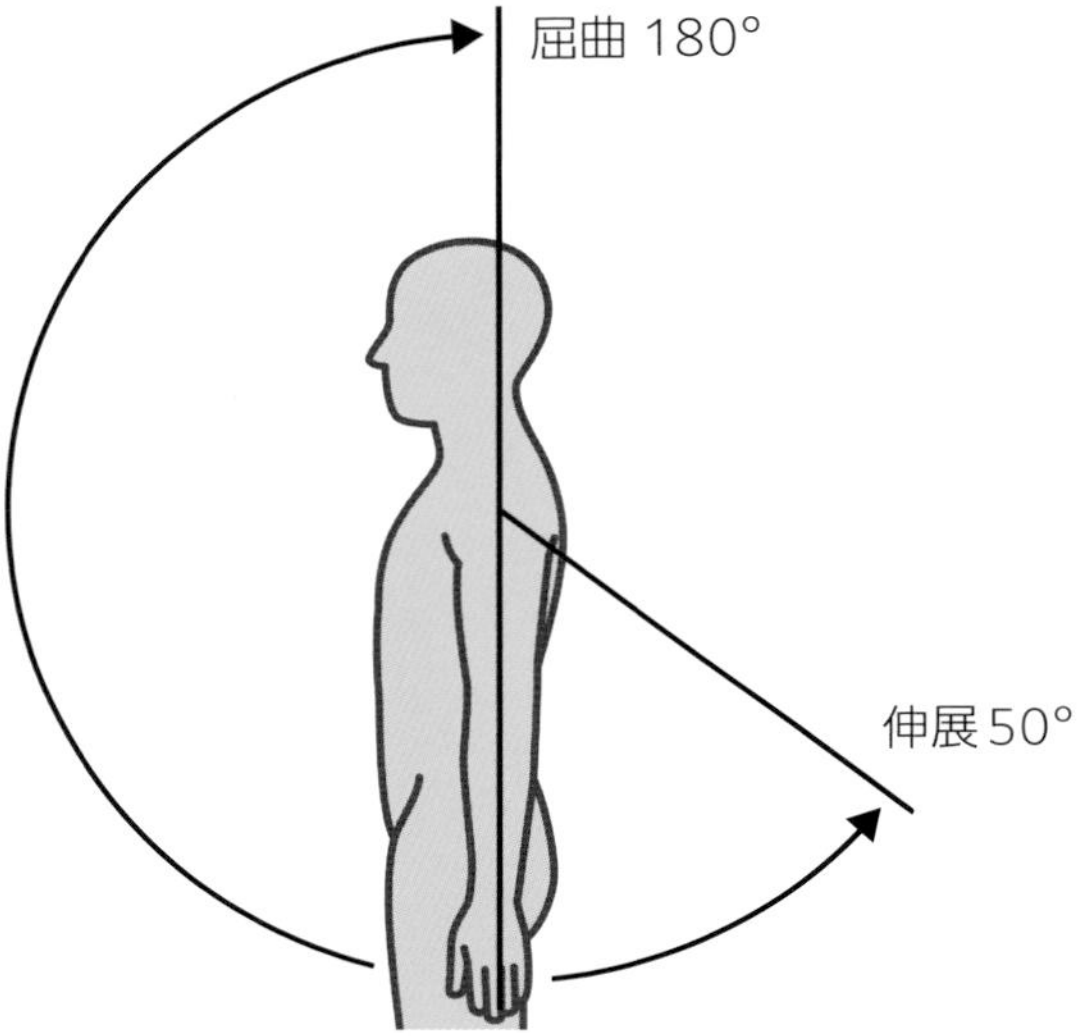

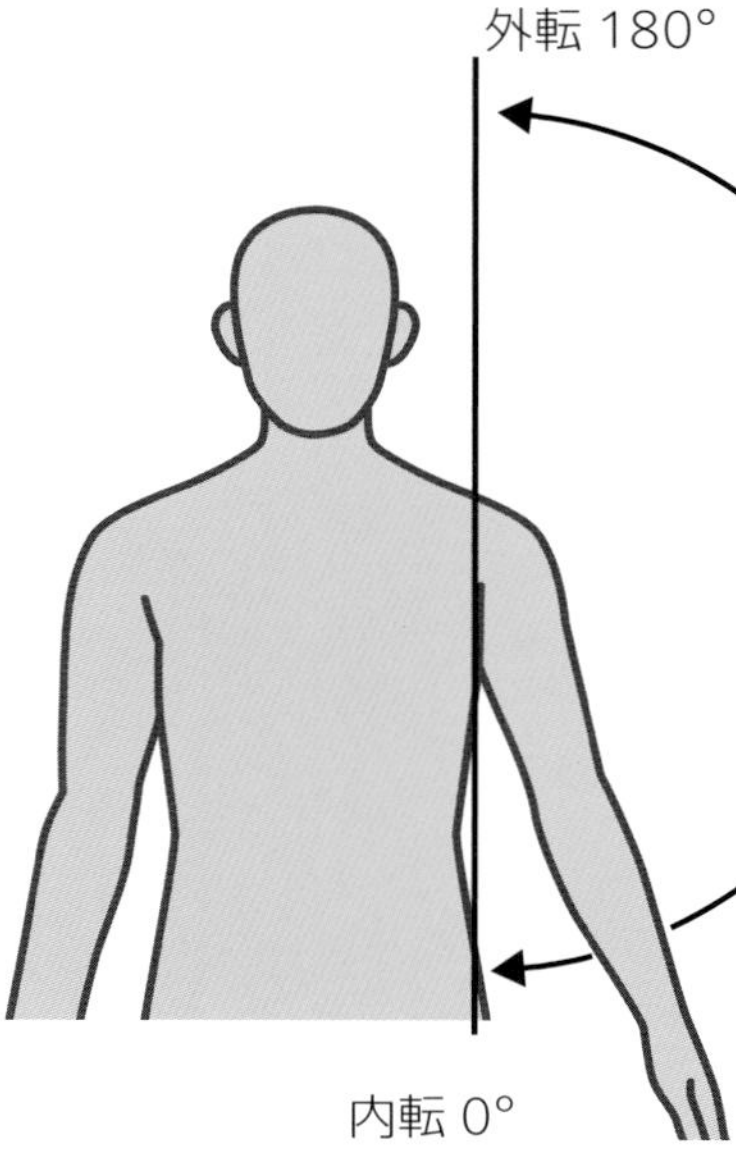

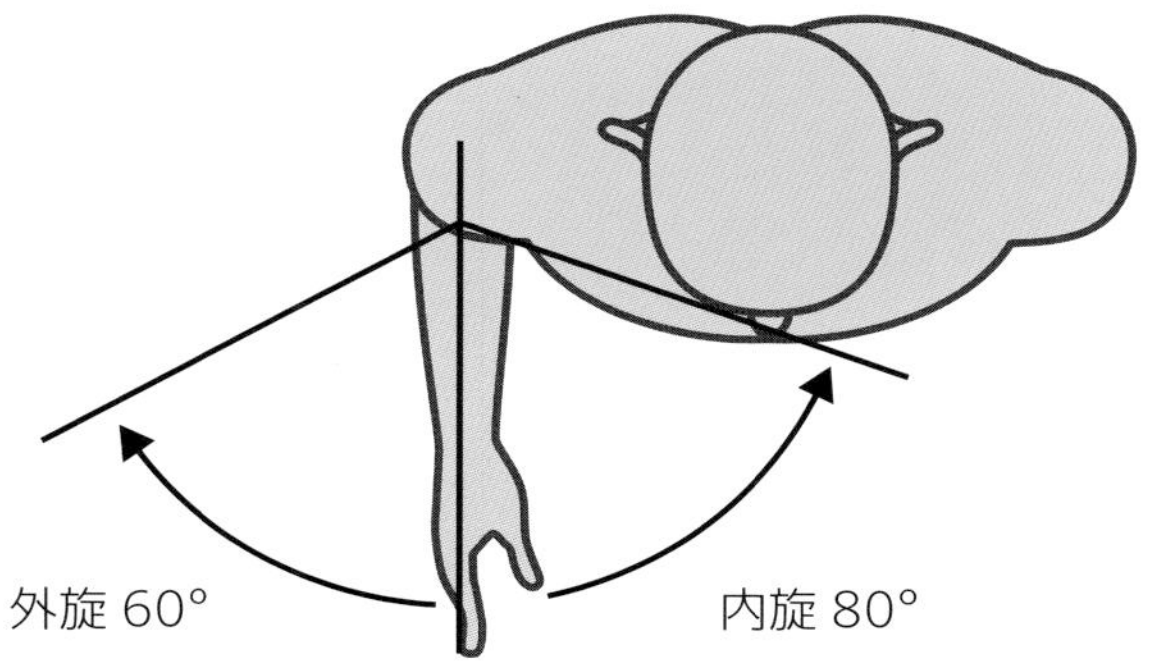

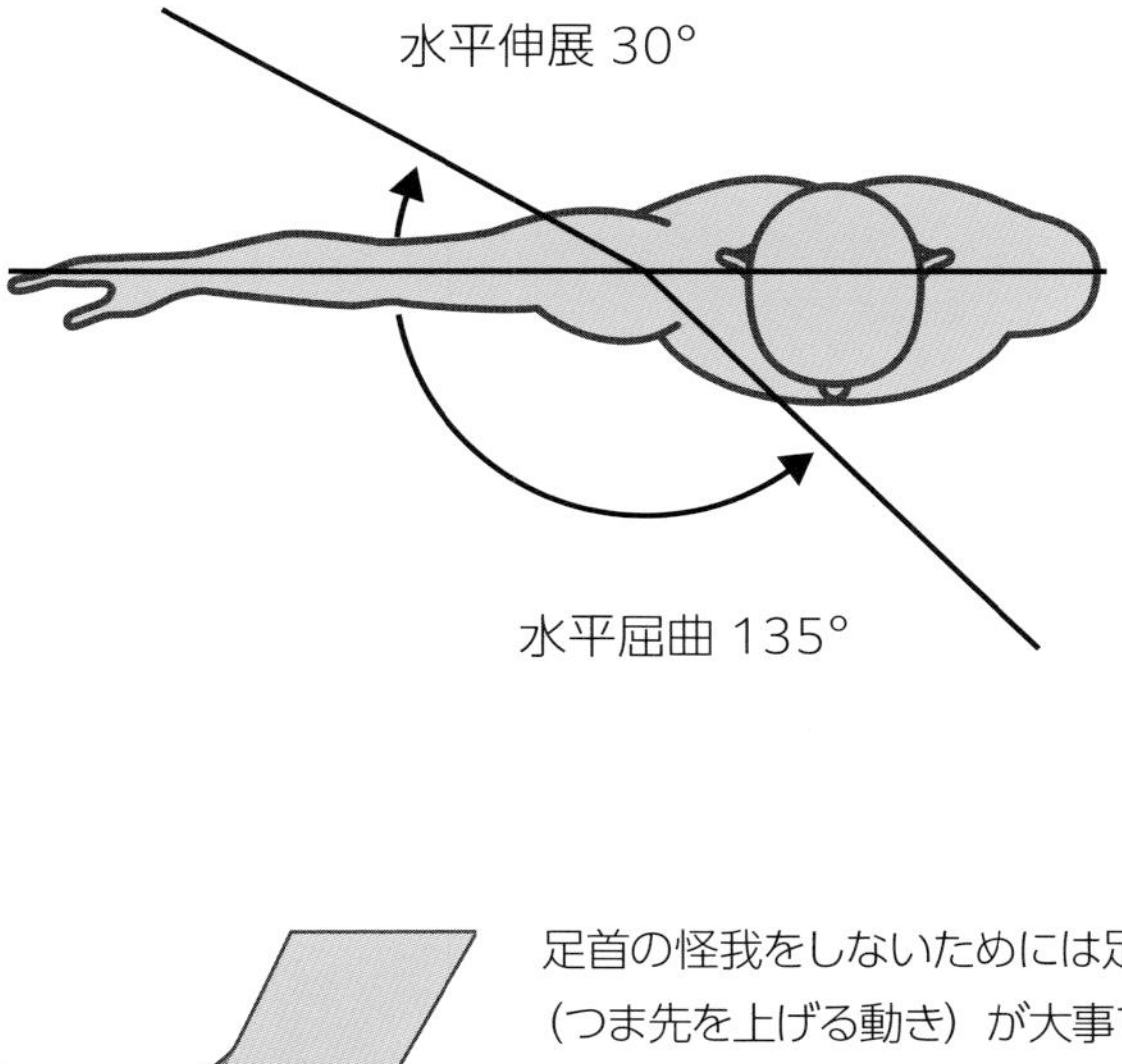

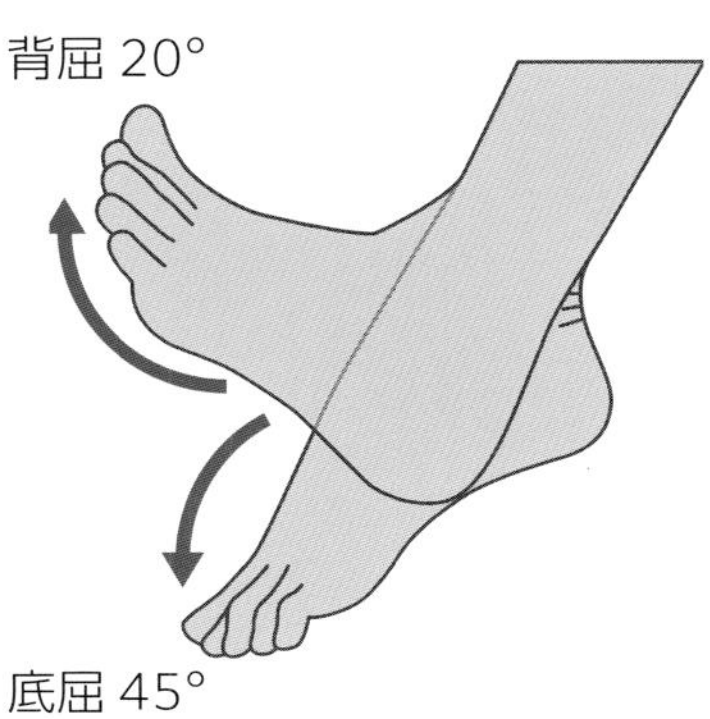

足首の怪我をしないためには足関節の背屈（つま先を上げる動き）が大事です。背屈の角度が足りないと捻挫をしやすくなります。例えばジャンプして着地したり、投球動作後に足をついたりしたときなど、足首の柔らかさが衝撃を吸収する役目を果たしているのですが、可動域が小さいと横にひねって傷めることが多いのです。つま先をしっかり上げるようにしましょう。

7つのルール

エクササイズを行うときに守りたい7つのルール。

1

正しいポジションで行う

脊柱や骨盤、股関節の角度など、正確に保ちながら行うことで安全性も効果も高まります。また身体の中心線（鼻・おへそ・踵と踵の接点）を常に意識することで安定した力を発揮することができます。

2

オーバートレーニングを避ける

ローカル筋とグローバル筋に働きかけるアスリートピラティスの中には、強度、難易度が高いエクササイズもあります。筋疲労からの速やかな回復のためにも十分な休養や睡眠、栄養摂取を心がけましょう。

3

動きをコントロールする

アスリートピラティスでは椎骨1つ1つや重い下肢をコントロールしながら動かすため、正確さが求められます。そのため、スピードや反動には気をつけましょう。

4

呼吸を意識する

ドローインで腹部を軽く凹ませ、肋骨を広げるように呼吸します。呼吸音を聞きながらエクササイズすることで十分な呼吸ができているかを確認することができます。これは腹圧を適切に高め体幹を安定させるために必要なテクニックです。

5

左右バランスよく 機能を高める

スポーツを継続していると身体の左右の筋肉量や関節の可動域がアンバランスになりがちです。筋力が不足していたり、関節可動域が狭い側のキープ時間を長くする、回数を増やすなどして調整するといいでしょう。

6

短時間で集中して行う

アスリートピラティスは全身の協調性を高めるトレーニングで、脳・神経系の機能を向上させるものです。このようなトレーニングは、長時間続けるよりも、短時間に集中して流れよく行う方が効果的です。

7

種目を変えて行う

定期的に種目を変えるなどして、なるべく多くの種目を行うようにしましょう。あらゆるエクササイズを試して機能不全が起きている部位に気づくことが大切です。

エクササイズメニュー

【必須6種】

本書で紹介するエクササイズの中でも「必須6種」は、毎回行いたい基本のエクササイズです。効率よくモビリティとスタビリティを高めることができます。

例えば「01 ロールアップ」は、脊柱の屈曲動作です。ロールダウン、ロールアップで脊椎を分節的に動かすモビリティを目的としたエクササイズです。

「02 ハンドレッド」も屈曲の動作ですが、体幹部を安定させて、下肢の重さや

01
ロールアップ

P96

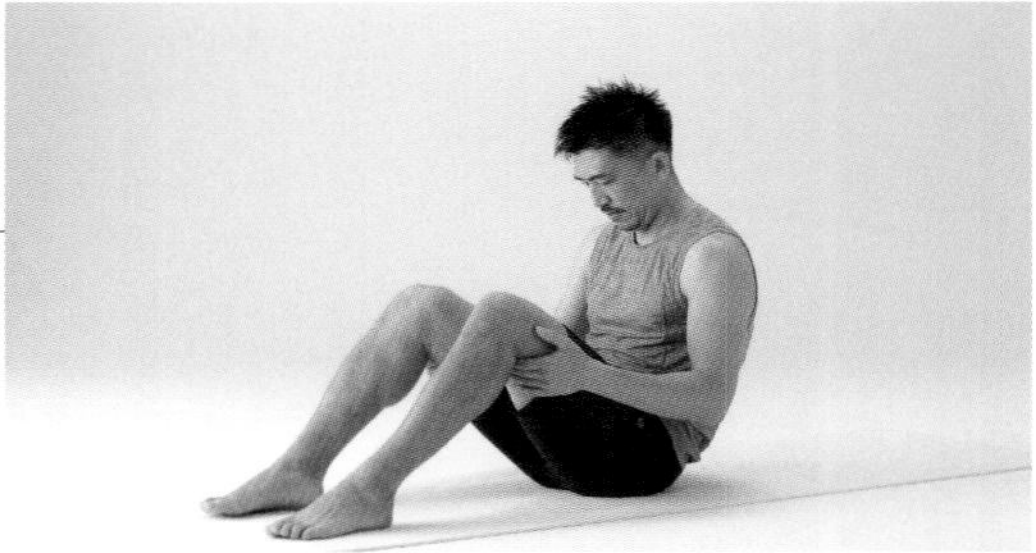

02
ハンドレッド

P98

03
シングル レッグストレッチ

P100

上肢の振動を利用し体幹に刺激を与えます。

「03 シングルレッグストレッチ」は、股関節の屈曲可動性を高め、体幹や股関節周囲筋も鍛えます。

「04 スイミング」は脊柱の伸展機能、「05 ロータリーサイドブリッジ」は脊柱の回旋機能、「06 クリスクロス」は脊柱の中でも胸椎の回旋機能向上を目的としています。

バランスのいい組み合わせで、かつそれぞれがシンプルで効果を期待できる6種です。特定の動作に偏ることなく、股関節の動きをスムーズにし、体幹を多方向から刺激できるように工夫された特別な1セットです。

04

スイミング

P102

05

ロータリーサイドブリッジ

P104

06

クリスクロス

P106

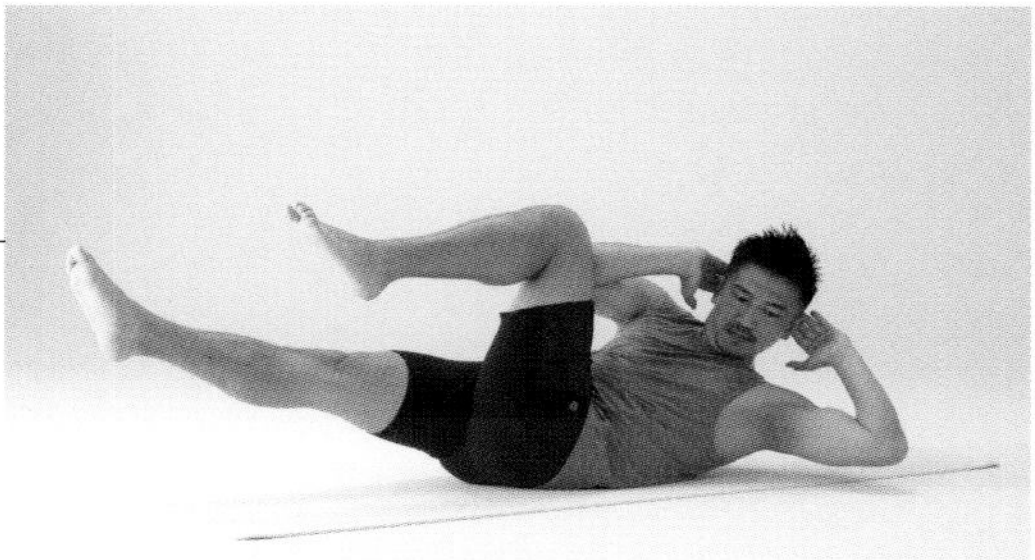

5つのジャンルの主な目的

体幹の Mobility

体幹の「可動性」を高めるエクササイズ。関節可動域や筋の収縮伸長性を高め、機能性を向上させます。

体幹の Motor control

体幹の「機能的動作」を高めるエクササイズ。筋が適切なタイミングで協調して働くために脳や神経系がモニターするシステムです。

股関節の Motor control

スポーツに大きく関わる股関節の「機能的動作」を高めるエクササイズ。前後・左右・回旋などの運動を可能にする股関節のコントロールは特に重要です。

背面部の Motor control

背面部の「機能的動作」を高めるエクササイズ。
ハムストリングス、殿筋、骨盤、肩甲骨などの筋群を強化し、動作をコントロールします。

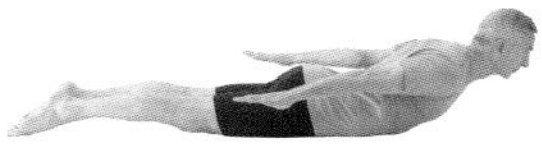

全身の Motor control

全身の「機能的動作」を高めるエクササイズ。
体幹の安定性を高め、上肢と下肢と協調した動作を獲得します。

【実施の頻度】

エクササイズができる時間帯やタイミングは人によってさまざまです。ピラティス優先の時間を1日のどこかに確保するのもいいですし、朝晩15分ずつというように分けて行うのもいいでしょう。目安としては週3回で本書に掲載の43エクササイズを制覇する、くらいの気持ちで臨んではいかがでしょうか。かなりの効果を実感できるはずです。

エクササイズのうち、「必須6種」は毎回行うことをお勧めします。この他のエクササイズは、「体幹のMobility」～「全身のMotor control」の5つのジャンルからバランスよくセレクトして行うようにしましょう。

01 ロールアップ Roll Up

- 脊椎分節の動きを覚える
- 呼吸と動作の連動

Movement

5回

脊柱を屈曲させて骨盤から頚椎まで順に床につけ、頚椎から順に床から離す。

必須6種

Focus 呼吸と動作を連動させて脊柱の可動性を向上する

▶ **腹筋群、前鋸筋、多裂筋**

1

吸う

両膝を立てて、足を坐骨幅に開く。両手は大腿の脇に添えて体育座りの姿勢をとる。息を吸って坐骨と頭で伸び合うように軸の長さを出す。

足が床から浮いたり、肩がすくんだりしないようにリラックスしておく

エロンゲーション

2

吐く

息を吐きながら骨盤から動かして①腰椎、②胸椎、③頚椎を順番に床につけていく(ロールダウン)。

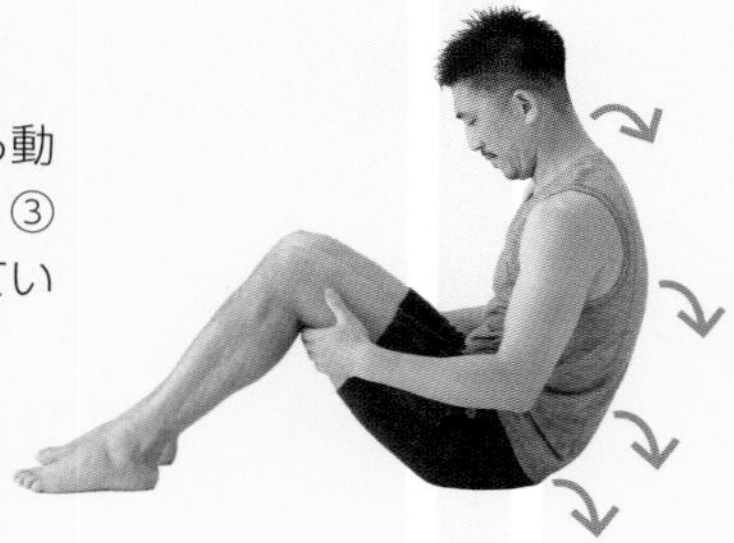

ロールダウンする際は、骨盤から動かしていく

アーティキュレーション

3

吸う

背《はい》臥《が》位《い》（仰向け）で息をゆっくりと吸い…

4

吐く

吐きながら頷《うなず》くように①頚椎上部から動き始め、②胸椎、③腰椎と順々に屈曲しながら上体を起こす。

反動はつけずに、椎骨１つ１つを動かしていく

02 Hundred《ハンドレッド》

☑ 体幹のスタビリティ向上
☑ 肩甲骨、上肢の動的安定性

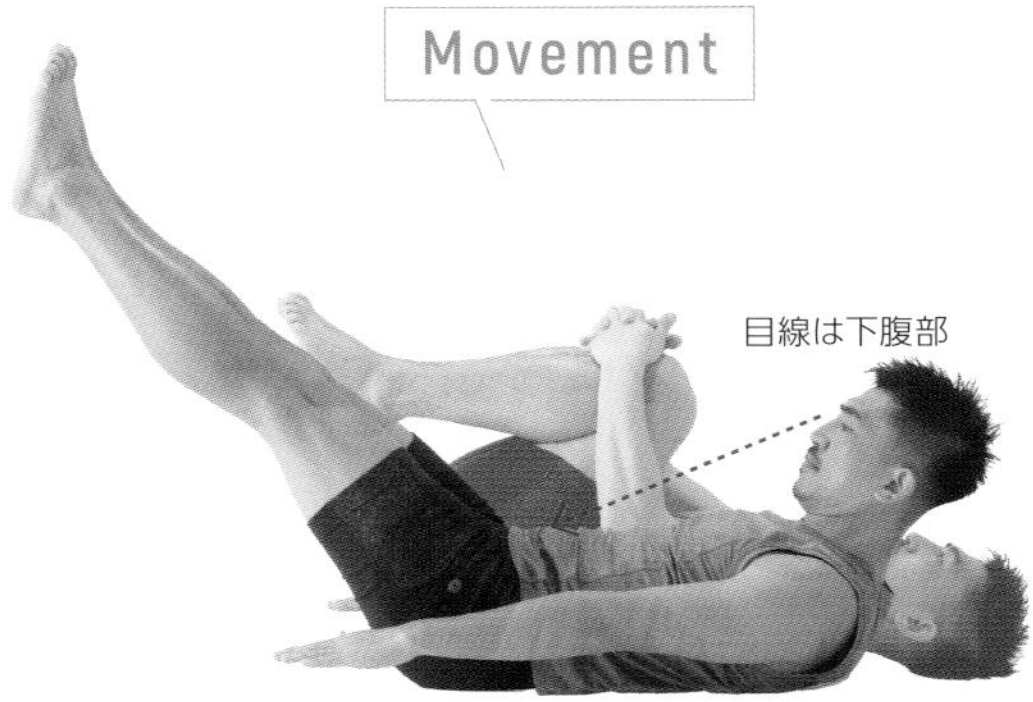

10×10回
カウント

腹部を収縮させて両脚を上げ、キープしたまま、両腕を床から浮かせ、上下に素早く動かす。

必須6種

Focus 腕の振動と脚の重さを利用し、体幹を鍛える

▶ **腹筋群、前鋸筋、広背筋、上腕三頭筋**

1 仰向けの姿勢からから両膝を立てる。

2 両膝を胸に抱える。

3 頭を上げる。

吐く

4 腕を前方へ、脚を斜め上へ伸ばす。腕は肩から指先までまっすぐ伸ばし、呼吸に合わせて上下10㎝くらいの幅で素早く動かす。

吸う
↕
吐く

吸って5カウント
吐いて5カウント

手首と肘はまっすぐ伸ばし、肩から動かす

03 Single Leg Stretch《シングルレッグストレッチ》

☑ 腹筋群の強化
☑ 脊柱 - 股関節屈曲の可動性向上

Movement

左右10セット

片方の脚を抱えながら体を屈曲して膝と肩を近づける。

必須6種

Focus 脚を抱えながら身体を屈曲し、全身の屈筋群を活性化させる

▶腹直筋、頭長筋、頚長筋、腸腰筋、縫工筋、大腿直筋

1 仰向けの姿勢から両膝を立てる。

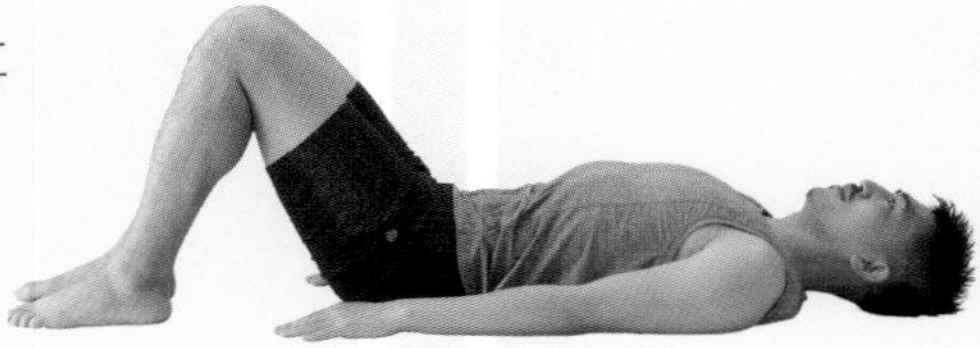

2 両膝を胸に抱える。

3 息を吐きながら頭を上げ、同時に左脚を斜め上へ伸ばし、両手を右膝に添える。一度息を吸い、次の吐くタイミングで手脚を入れ替える。

吐く ↕ 吸う

04 Swimming《スイミング》

- 上肢と下肢の連動（コーディネーション）
- 体幹伸展筋群の強化

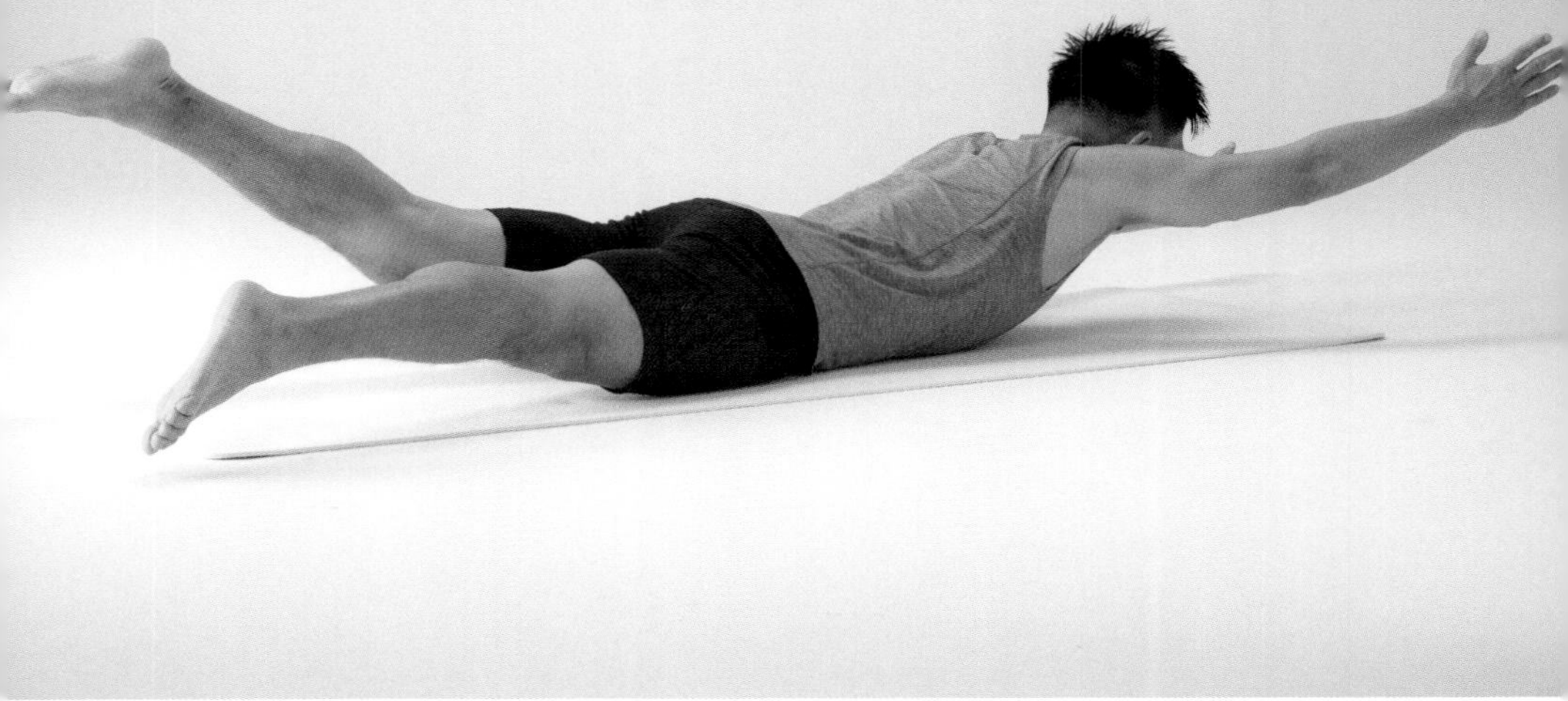

Movement

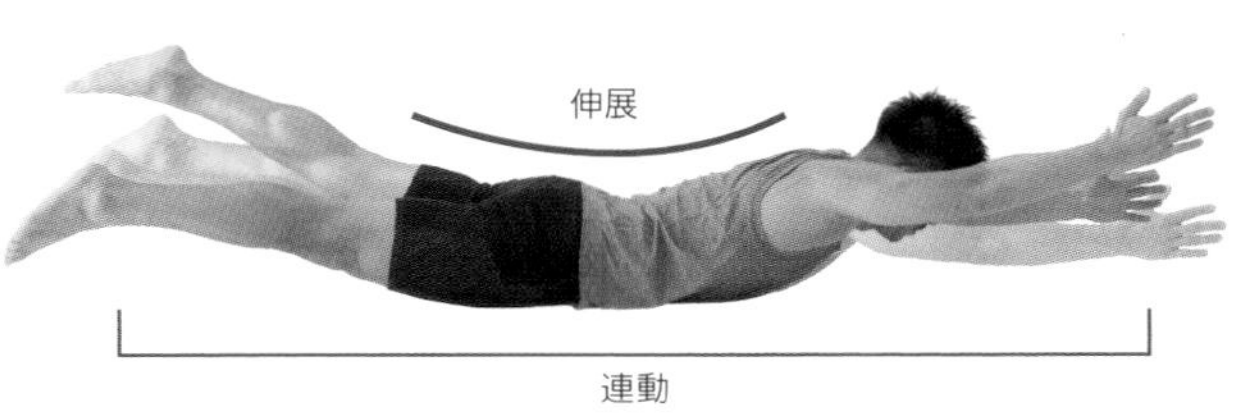

30回

体幹をまっすぐ保ったまま、両脚と上体を床から浮かせ、対角の手脚をさらに上げる。

Focus 軸を保ったまま背部の深層筋を刺激する

▶脊柱起立筋群、多裂筋、僧帽筋下部、広背筋、殿筋群

1 腹ばいの姿勢で両手両脚を伸ばす。

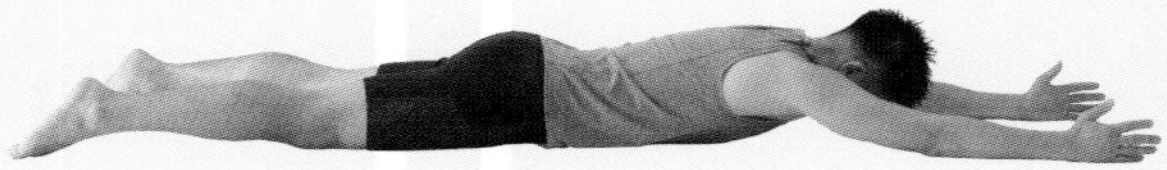

2 両肘が目線の横にくるように両腕を床から浮かせる。同時に両脚を股関節から、上体を胸まで、床から浮かせる。

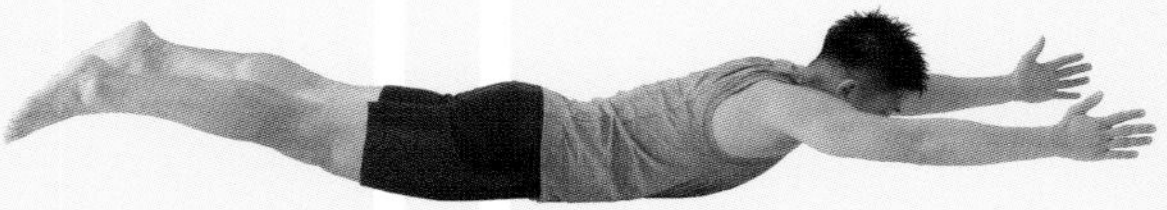

軸を長く保ち、耳と肩の距離をあける

3 対角の手脚をさらに上げる。

4 入れ替えるように逆側の手脚を上げる。徐々にスピードを上げ、リズムよく呼吸に合わせて交互に手脚を動かしていく。チャイルドポーズ（P84）で終了する。

吐く
↕
吸う

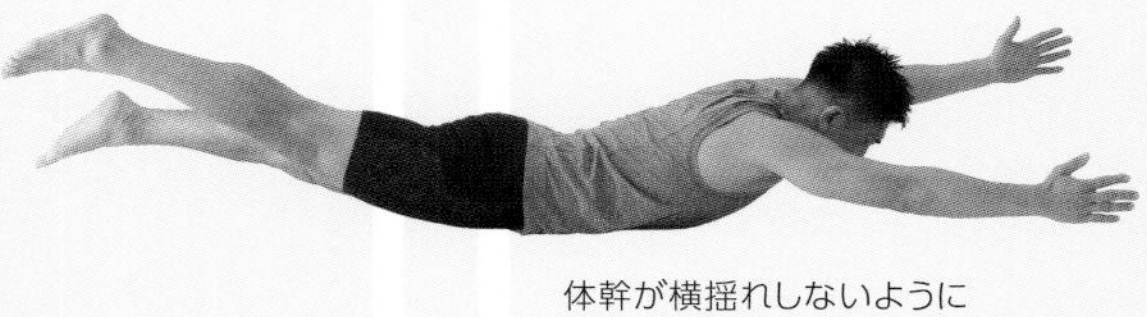

体幹が横揺れしないように
胸部と骨盤は平行に保つ
膝は曲げない

05 ロータリーサイドブリッジ
Rotary Side Bridge

- 肩甲骨周辺、体側のスタビリティ向上
- 胸椎のモビリティ向上

Movement

左右8セット

横向きの姿勢で脊柱を回旋させながら、天井方向へ伸ばした片腕を脇の下へ下ろし、天井方向へ伸ばす。

必須6種

Focus 呼吸と連動して上肢から下肢の動き、スタビリティを高める

▶ 多裂筋、脊柱起立筋群、腹斜筋群、ローテーターカフ、大円筋

1 横向きの姿勢で片肘を肩の下につき、両脚をまっすぐそろえて伸ばしておく。

2 下肢を持ち上げる。

3 片腕を天井方向に伸ばす。

肘と両肩を結んだラインが一直線になるように腕を上げる

4 息を吐きながら、上げている腕を体側の脇の下に入れるように下ろす。息を吸いながら胸を正面に向け、腕を天井方向へ伸ばしていく。

吐く ↕ 吸う

体幹と一緒に骨盤が下を向かないようにコントロールする

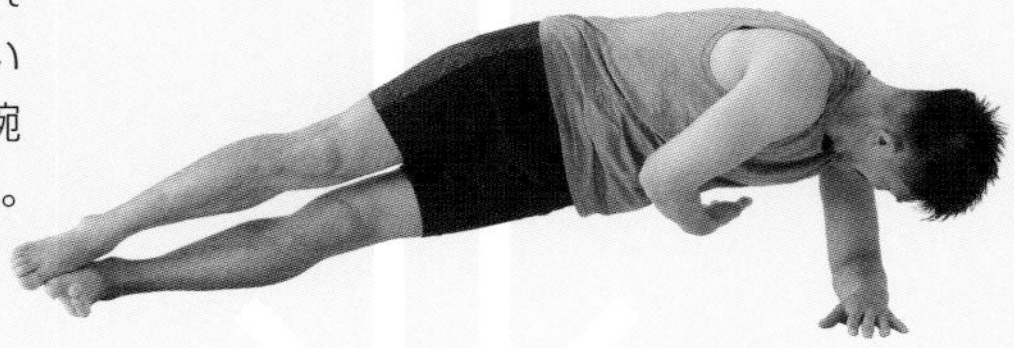

06 クリスクロス Crisscross

- 胸椎回旋可動域の向上
- 腹斜筋群の強化
- 上肢と下肢の連動

Movement

左右10セット

両膝を抱えた姿勢から体幹を屈曲・回旋しながら片脚を前へ伸ばし、もう一方の脚の膝と対角の肘を近づける。

必須6種

Focus 正中線に合わせて体幹屈曲、回旋動作をバランスよく行う

▶腹筋群、腸腰筋

1 仰向けの姿勢から両膝を立てる。

2 両膝を胸に抱え、頭を上げる。

3 両手を耳に添え、右脚を前へ伸ばす。同時に右肘を左膝に近づける。

脚を引き寄せるのではなく、上体を脚に近づけるように屈曲する

4 息を吐きながら手脚を入れ替える。呼吸に合わせて動作を繰り返していく。

吐く

反動やスピードをつけずにゆっくり動く

07 スパインストレッチ

Spine Stretch

- 背面部のモビリティ向上
- 脊柱のアーティキュレーション

8 回

頭、脊柱の上部から順に分節的に動かして上体を前へ倒し（ロールダウン）、下から順に分節的に動かして上体を戻す（ロールアップ）。

体幹の Mobility

Focus 脊柱を分節的に動かす

▶ 腹筋群、脊柱起立筋群、多裂筋、板状筋、ハムストリングス

1 脚を伸ばして座り、腕を前に伸ばし、足をマット幅に広げ、骨盤を立てる。

吸う

つま先を上に向ける

脊柱の長さを保ち、顎と胸の間にスペースを開けておく

2 息を吸って脊柱を伸ばし、息を吐きながら頭部、脊柱の上部から順にロールダウンしていく。

吸う
↓
吐く

3 息を吸いながら脊柱の下から順にロールアップして戻していく。

吸う

骨盤が後傾してしまう場合は、膝を軽く曲げておく

08 Seal《シール》

☑ 体幹のバランス力向上
☑ 脊柱のモビリティ向上

8 回

脊柱のカーブ、股関節の屈曲、外旋位を保ったまま、後ろへ転がり、起き上がる。

体幹の Mobility

Focus 脊柱のカーブを保ったまま、なめらかに転がる

▶腹筋群、腸腰筋、中臀筋、縫工筋

1

吸う

両膝を外側に開いて座り、両腕を腿の内側から下腿の下へくぐらせて足の甲をつかむ。

2

吐く

両脚を床から浮かせ、膝を外側へ開き、足の裏を合わせる。

肘と膝を押し合うようにする

3

吸う
↓
吐く

脊柱のCカーブをつくり、股関節の外旋位を保つ。息を吸ってゆっくりと後ろへ転がっていき、息を吐いて起き上がる。

4

起きあがったポジションで足裏でトントンと2回叩く。

09 スフィンクスリーチ

Sphinx Reach

- 胸郭の可動性向上
- 呼吸筋の可動性向上

Movement

左右 **5** セット

うつ伏せで片腕を上げ、前方から後方へ広げるように動かし、胸椎の伸展を促す。

体幹の Mobility

Focus 呼吸筋を効果的に使うため、胸郭可動性を向上させる

▶下後鋸筋、肋間筋郡、僧帽筋、広背筋、脊柱起立筋群、多裂筋

1
腹ばいの姿勢で肩の真下に肘をつき、床を押しながら上体を起こす。

肩が上がらないように肩甲骨は引き下げておく

ドローインを忘れずに

2
吸う
息を吸いながら片手を前に上げて目線も指先へ向ける。

3
吐く
息を吐きながら上げている腕を斜め後方へ広げるように動かして胸部を開く。

頸椎、腰椎が過伸展を起こさないように胸椎の伸展を促す

4
吸う
↓
吐く
息を吸いながら前方に腕を戻し、吐きながら後方へ広げる。呼吸に合わせて繰り返す。チャイルドポーズ（P84）で腰を伸ばす。

目線は常に指先へ向けておく

10

Roll Over《ロールオーバー》

- 脊柱のモビリティ向上
- 体幹のストレングス強化

Movement

5 回

仰向けで両脚のつま先を頭の後ろの床につけ、脊柱の屈曲を保ったまま、ロールダウンでテーブルトップポジションへ背中を下ろす。

体幹の Mobility

Focus 脊柱を柔軟にコントロールして下肢を持ち上げていく

▶ **腹筋群、僧帽筋、上腕三頭筋、腸腰筋、内転筋群**

1 吸う

仰向けの姿勢から両手は足先へ伸ばしておく。両脚をテーブルトップポジション（P84）に上げ、息を吸って斜め前へ伸ばす。

脊柱を分節的に動かし、肩甲骨を床に安定させる

2 吐く

息を吐きながらゆっくりと骨盤、脊柱をマットから離していき、

3 吸う→吐く

足先を頭の後ろへ伸ばし、つま先を床に下ろして息を吸い、息を吐きながら脊柱の屈曲を保ったまま、ロールダウンで元のテーブルトップポジションへ背中を下ろしていく。

11 Nod Ahead《ノッドアヘッド》

- 頚部周辺筋群の緊張抑制
- 頚椎の分離運動

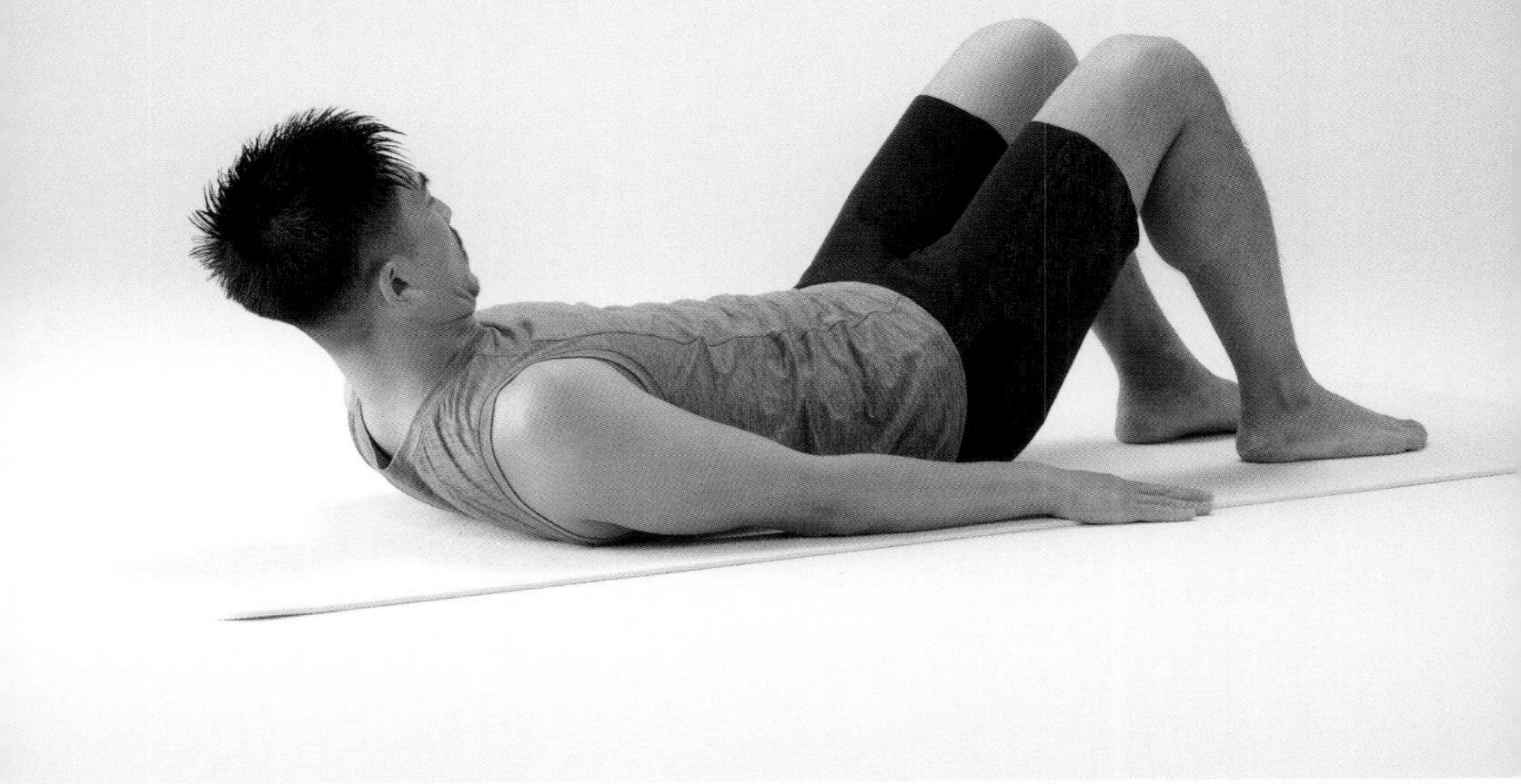

Movement

5 回

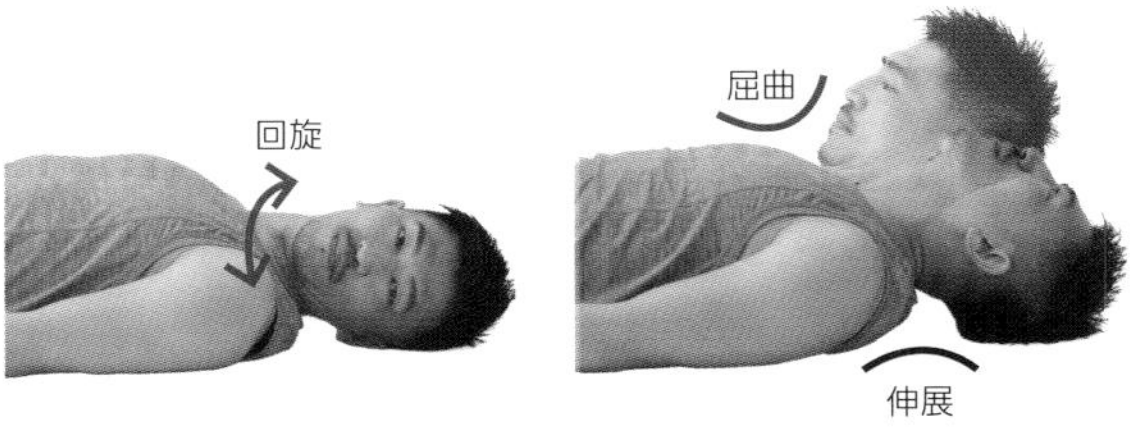

仰向けで体幹部のポジションを保ち、首を屈曲、伸展、回旋させる。

体幹の Mobility

Focus リラックスした状態で頭を動かし、首・肩周辺の筋群を抑制する

▶ **頭長筋、頚長筋、後頭下筋群、胸鎖乳突筋、斜角筋群、回旋筋**

1 仰向けの姿勢から両膝を曲げる。

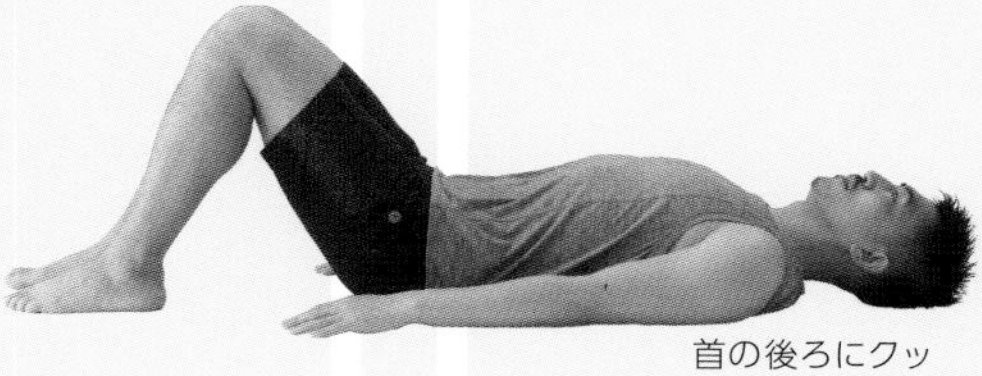

首の後ろにクッションやソフトボールなどをおいてもよい

2 息を吐きながら頷くように首を屈曲する。

吐く

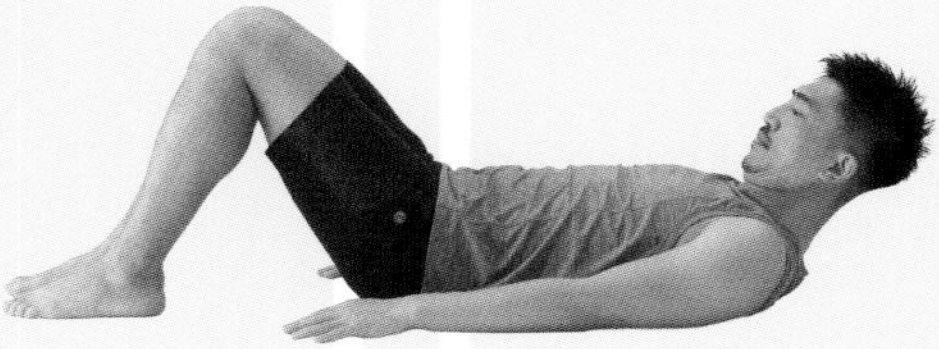

3 息を吸いながら鼻を上げるように首を伸展する。数回繰り返したら、真ん中に戻る。

吸う

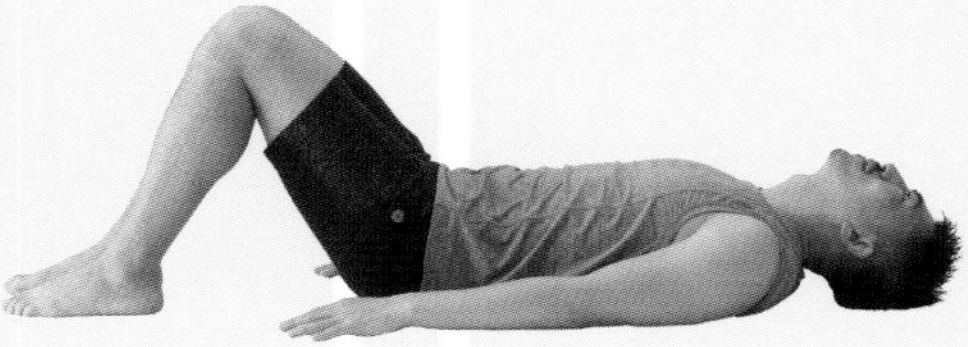

4 続けて息を吐きながら首を左へ回旋する。息を吸いながら真ん中に戻り、吐きながら右へ回旋する。呼吸に合わせてゆっくりと動作を行う。

吐く → 吸う → 吐く

呼吸に合わせてゆっくりと動作を行う

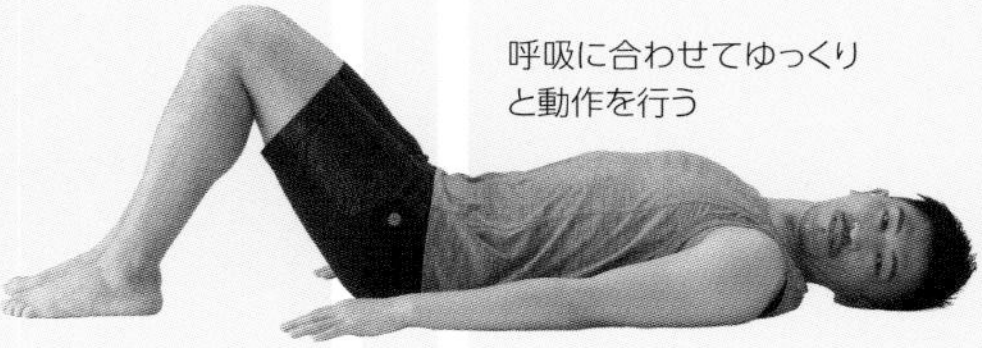

12 Arm Circle《アームサークル》

- 胸郭、肩関節の可動性向上
- 上半身の筋緊張抑制

左右 5 セット

横向きで目線も指先を追うようにして片腕を背面まで大きく回し、元のポジションへ戻す。

体幹のMobility

Focus 腕を大きく回して肩関節や胸郭の可動性を連動して高める

▶ **大胸筋、小胸筋、胸鎖乳突筋、腹斜筋群、僧帽筋、菱形筋**

1 両膝を軽く曲げ、マットに横向きの姿勢になり、両手は重ねて前へ伸ばす。

2 吸う

息を吸いながら上側の腕で半円を描くように頭上からゆっくりと回していく。

3 吸う

目線も指先を追うようにして、回旋しながら腕を背面まで回す。

指先が床から
浮かないように
腕を回す

4 吐く

息を吐きながら両手を閉じるように元の位置へ戻る。繰り返し行い、反対側でも同様に行う。

肘は伸ばしたま
ま元の位置へ
戻る

13 スワンアーチカーブ Swan Arch Curve

- 胸郭の可動性向上
- 上背部のストレッチ

Movement

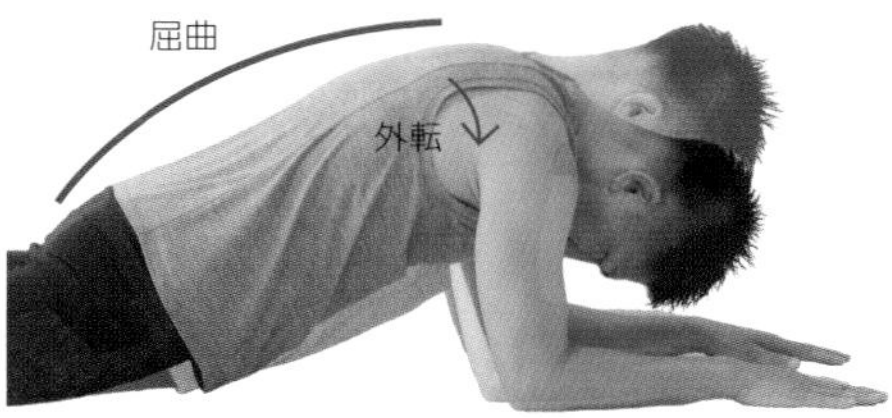

8 回

背すじを伸ばし、背中を丸めて肩甲骨を外転、脊柱を屈曲させ、元のポジションへ戻す。

体幹のMobility

Focus 胸郭を屈曲した姿勢で呼気を強め、肋骨を引き下げる

▶ 多裂筋、前鋸筋、内肋間筋

1 うつ伏せの姿勢で肘を肩の下につき、手のひらを前におく。

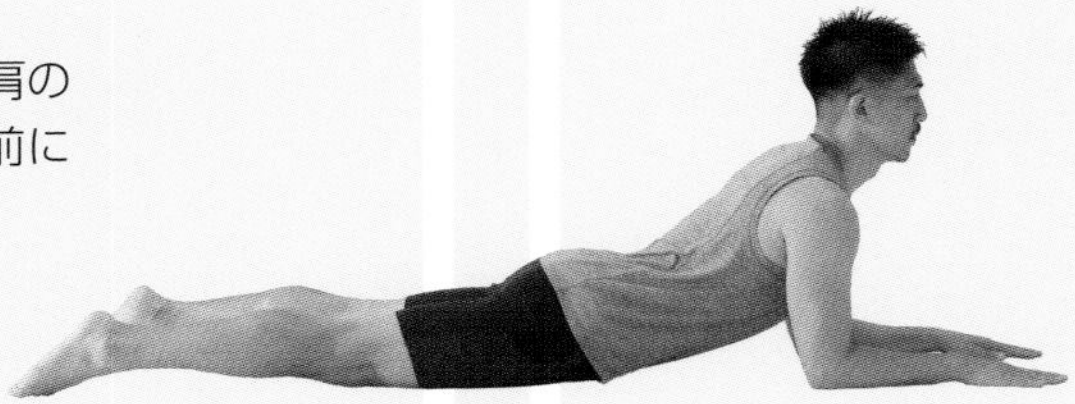

しっかり肘で床を押す

2 息を吸って背筋を伸ばし、吐きながらゆっくりと背中を丸めていく。

吸う
↓
吐く

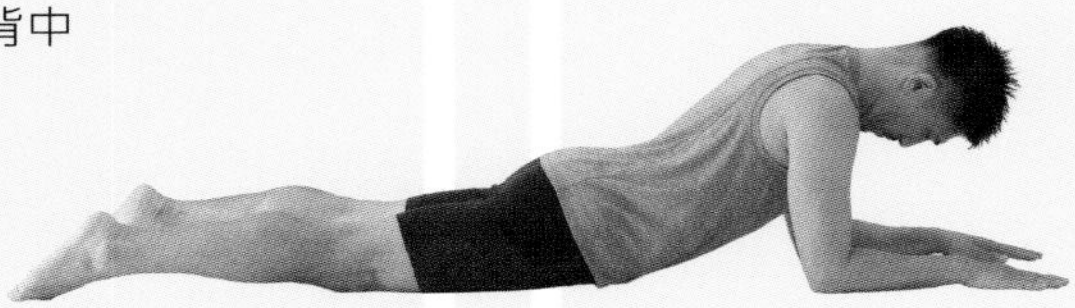

3 肘でマットをしたまま肩甲骨の外転位を保ち、肋骨と骨盤を近づけるように脊柱を屈曲させる。

吸う

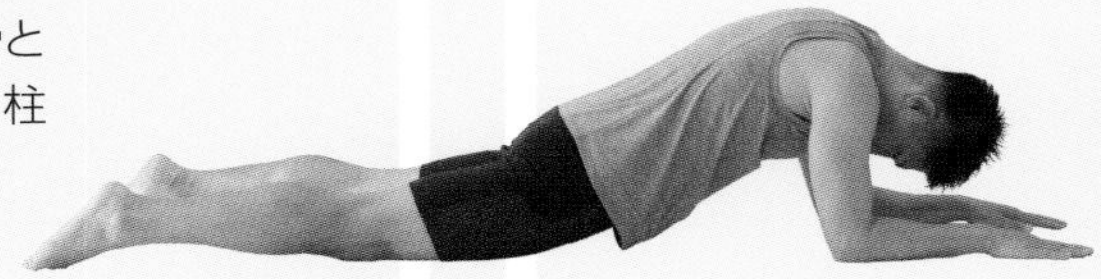

4 屈曲位で一呼吸キープし、息を吐ききったら元の位置へ戻る。呼吸に合わせて繰り返す。

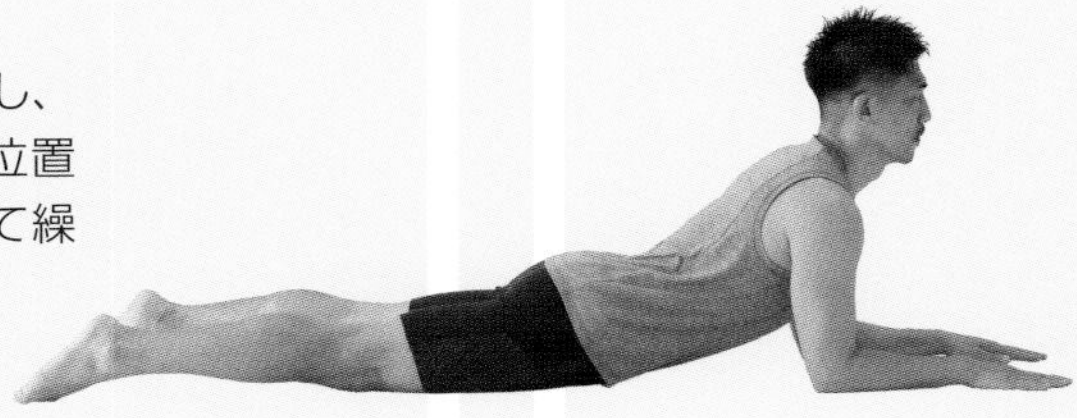

14 スキャプラリフト Scapula Lift

☑ 腹部の安定
☑ 肩甲骨の分離運動

Movement

8 回

四つん這いで背骨をまっすぐに保ち、床を押して肩甲骨を外転、さらに肩甲骨を寄せるように内転させる。

Focus 肩甲骨の内外転動作を高める

▶ **多裂筋、前鋸筋、僧帽筋、菱形筋**

1 四つん這いの姿勢で手のひらをしっかりと広げてマットにつける。

2 吐く 息を吐きながら両手でマットを押し、肩甲骨を外転させる。

肩甲骨ではなく、背骨が丸まったり反ったりしないようにする

3 吸う 息を吸いながら肩甲骨を背骨に寄せるように内転させる。

4 吐く 呼吸に合わせて肩甲骨の動きだけを繰り返す。

15 スレッドザニードル Thread the Needle

☑ 胸郭の可動性向上
☑ 肩関節の可動性向上

Movement

左右 5 セット

四つん這いで体幹を回旋させながら、体を開くように片腕を大きく動かす。

体幹のMobility

Focus 呼吸に合わせて体幹の回旋と上肢の動きをコントロールする

▶ **腹斜筋群、脊柱起立筋群、胸鎖乳突筋、板状筋、僧帽筋**

1 吸う

四つん這いの姿勢になる。

2 吐く

左手を床から離し、息を吐きながら右の脇の下を通して遠くへ伸ばす。

3 吸う

伸ばした左腕を引き、息を吸いながら体を開き、左腕を上に伸ばす。呼吸に合わせて繰り返す。

4

反対側でも同様に行う。

16 Swan《スワン》

頸椎－胸郭の可動性向上

Movement

5 回

うつ伏せで床につけた両腕の肘を伸ばし、脊柱を伸展させる。

体幹のMobility

Focus 頭部－腰背部のつながりを意識し、脊柱の伸展をコントロールする

▶ **多裂筋、頭後下筋群、脊柱起立筋群、前鋸筋、僧帽筋**

1 両肘が肩の横あたりにくるように軽く曲げて、うつ伏せの姿勢になる。

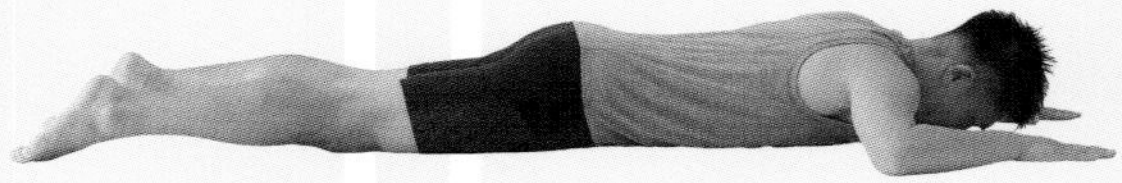

2 吐く

手のひらでマットを押し、息を吐きながらゆっくりと頭から持ち上げる。

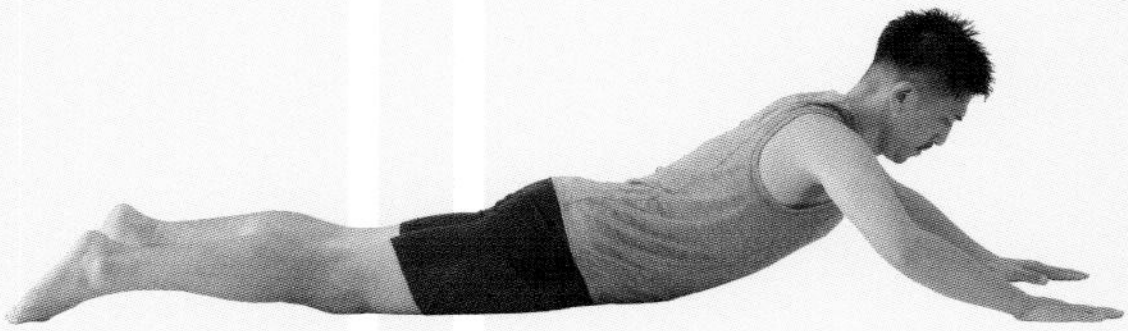

3 吸う

肘を伸ばしながら徐々に脊柱を伸展させ、腕を伸ばした位置で一呼吸キープする。

4 吐く

次の息を吐くタイミングで肘を曲げながら元の位置へ戻っていく。

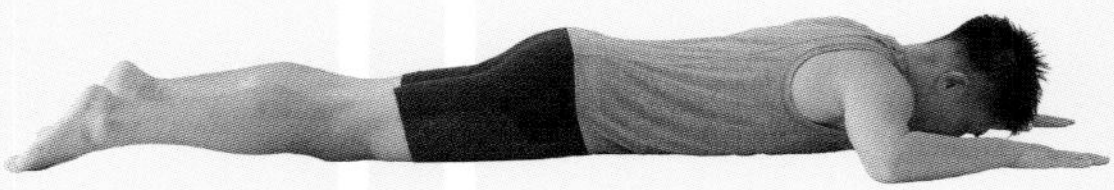

17

ペルビックカール

Pelvic Curl

- 腹筋群の強化
- 腰椎の運動制御

Movement

8 回

仰向けで両脚を上げ、骨盤を後傾するように脊柱下部を丸め、尾骨、仙骨を持ち上げる。

体幹の Mobility

Focus 脊柱下部の分節的な動作を高めていく

▶ **腹筋群、腸腰筋**

1 仰向けの姿勢から両膝を曲げる。

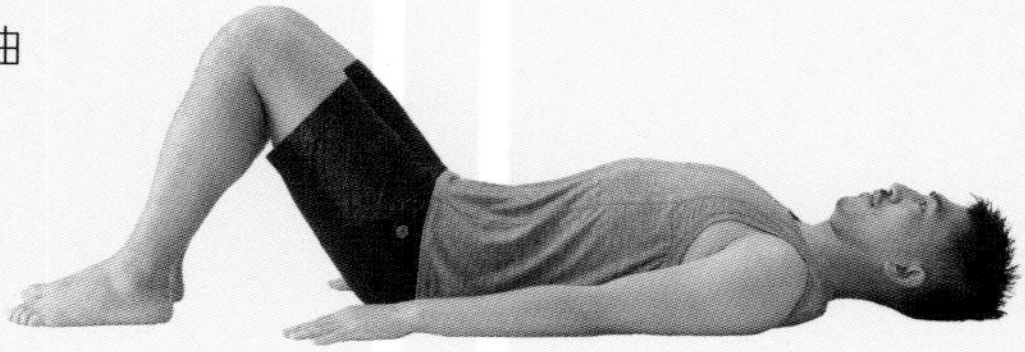

2 両手両脚を上げ、膝は軽く曲げておく。

3 一度息を吸って腹部を安定させ、吐きながら骨盤を後傾するようにゆっくりと丸めていく。股関節ではなく腰椎屈曲の動作で尾骨、仙骨を持ち上げ、自然と両手両足を近づける。

吸う
↓
吐く

4 息を吸いながら骨盤を下ろし、呼吸に合わせて繰り返す。

18 Saw《ソー》

- 腰椎の運動制御
- エロンゲーション
- アーティキュレーション

左右8セット

脊柱を回旋、上体を前に倒す動作で脊柱の可動性を高める。

体幹の Mobility

Focus 脊柱を長く伸ばして３面動作を行うことで可動性を高める

▶ **腹斜筋群、多裂筋、腰方形筋、肩甲下筋、板状筋**

1

吸う

脚を伸ばして座り、足をマット幅に広げ、両腕を横に伸ばす。

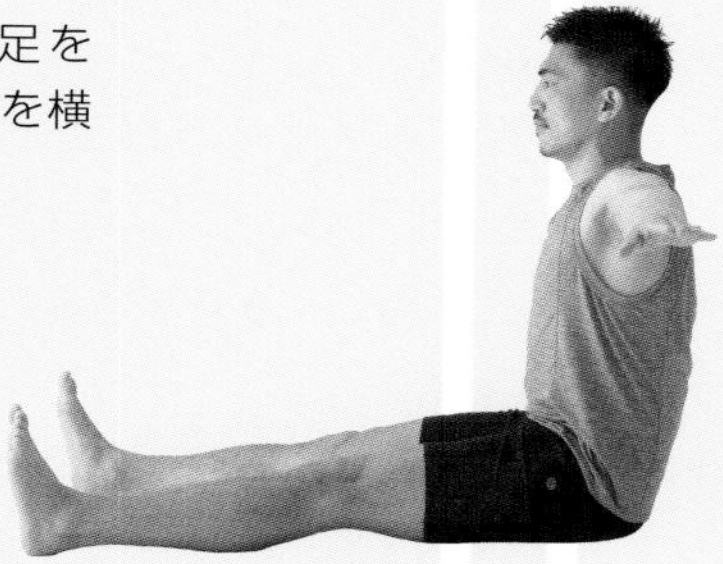

2

吸う
↓
吐く

息を吸って背筋を伸ばし、上体を左へ軽く回旋する。息を吐きながら腹部を引き上げて上体を倒し、右手を左足の外側へ伸ばす。

左腕は後方へ

3

吸う

息を吸って元の位置へ戻り、

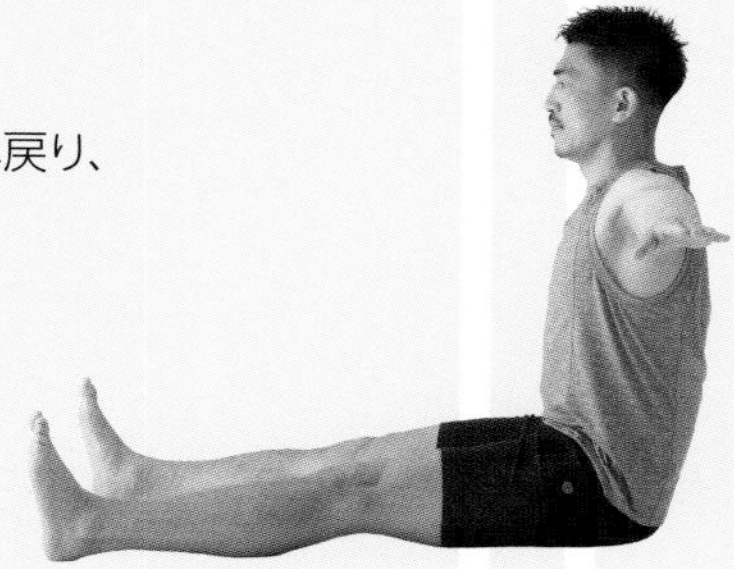

4

吐く

吐きながら左手を右足の外側へ伸ばす。交互に繰り返す。

01

天羽《あもう》良輔《りょうすけ》

―コンディショニングトレーナー―

パフォーマンス向上に必ずつながる

臨機応変な動きにも対応

ピラティスは身体の軸になる体幹部を安定させるとともに、股関節などしっかり動かさないといけない部位がバランスよく鍛えられることでスポーツパフォーマンス向上につながっていくと実感しています。サッカーのようなスポーツの場合、ボールや相手の動きに対して瞬時にリアクションできる身体の状態を整えられるというメリットもあります。きついと感じるメニューもあるかもしれませんが、正しく継続すれば動きの質が確実に向上し、競技パフォーマンスの向上が期待されます!!

Conditioning Village
https://healthpromote.net/

02

河室里穂子《かわむろ りほこ》

—コンディショニングトレーナー—

ピラティスで過去最高に調子いい、皆さんにも勧めたい

マラソンでバージョンアップ

私は学生時代はバレーボールで怪我ばかり、その後はデスクワークで腰や肩が痛く、不調が長く続きました。でもヨガ、そしてピラティスに出会い、身体に違和感が出たときは、どこから来ている？どうやったら楽になる？と考えるようになりました。自分の身体を自分でケアできる今は、過去最高に調子いい。皆さんにも自分の身体を知るツールとしてピラティスをやってほしいなあと思っています。趣味のマラソンでは、お腹の筋を正しく使えるようになり、走るのが楽。自分がバージョンアップしている気がします。

Instagram
https://www.instagram.com/rihoko.yoga/

19 Helicopter《ヘリコプター》

- ☑ 胸椎の回旋可動域の向上
- ☑ 腹斜筋群の強化

Movement

左右8セット

両膝を立てて座り、上体を斜め45度まで倒し、胸椎を左右に回旋させる。

体幹のMotor control

Focus 呼吸と連動した動きで体幹回旋動作を高める

▶腹筋群、脊柱起立筋群、多裂筋、内転筋群

1

吸う

両膝を立てて座る（脚を閉じなくてもよい）。

2

吐く

両手の中指を胸の前で合わせ、上体を斜め45度まで後ろへ倒す（肘を曲げたままでも、肘を伸ばしても良い）。

腕だけで動いてしまわずに体幹から動作を起こす

3

吐く

胸椎を回旋させる。

目線は指先に向ける

4

吸う
吐く

（息を吸って）上体を正面に戻し、（吐きながら）反対側に回旋させる。

指先を床につけない

20 サイツイスト
Scye Twist

☑ 体幹スタビリティの向上

左右 8 セット

両膝立ちで、体を斜め後ろに倒し、胸椎を左右に回旋させる。

体幹の Motor control

Focus 呼吸と連動した動きで体幹回旋動作を高める

▶ **腹筋群、脊柱起立筋、多裂筋、大腿四頭筋、殿筋群**

1 両膝で立つ。

2 息を吸って両腕を肩の高さまで上げ、吐きながら身体を斜め後ろに倒す。

吸う
↓
吐く

3 息を吐きながら胸椎を回旋させる。

吐く

4 息を吸って正面に戻り、吐きながら反対側に回旋する。

吸う
↓
吐く

21 シングルストレートレッグストレッチ Single Straight Leg Stretch

体幹スタビリティの向上

Movement

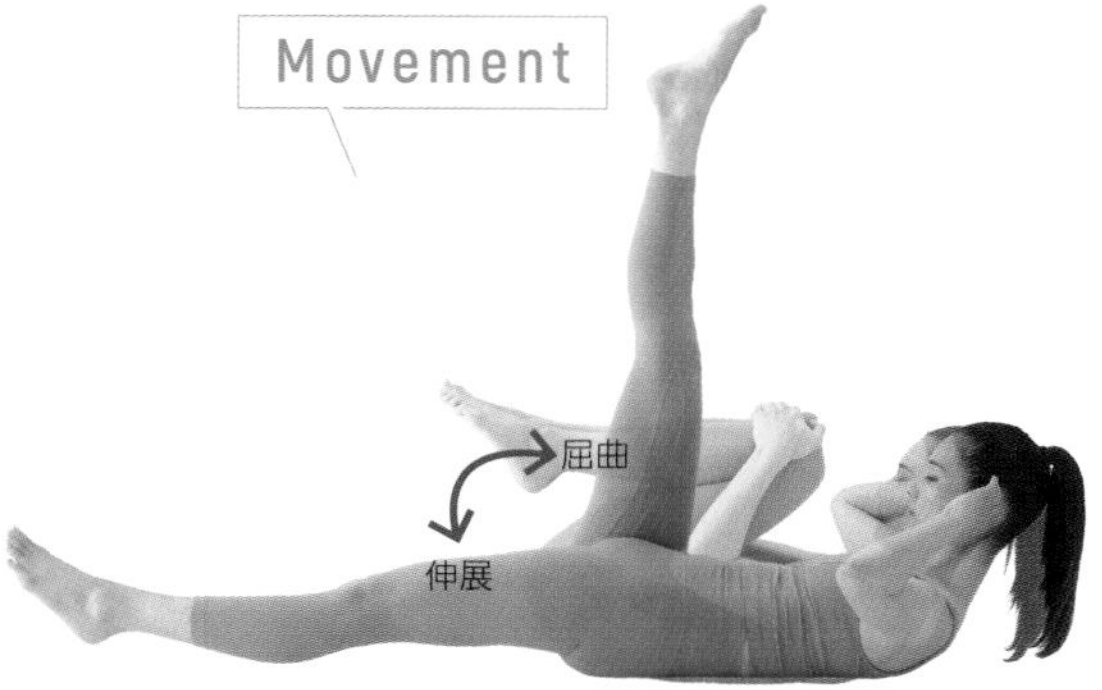

左右 8 セット

仰向けで股関節から脚を上下90度に開く動作（股関節の屈曲と伸展）を左右交互に行う。

体幹の Motor control

Focus 体幹を安定させて股関節屈曲・伸展動作をコントロールする

▶腹筋群、前鋸筋、腸腰筋、大腿直筋、ハムストリングス

1 仰向けの姿勢から両膝を立てる。

2 両膝を抱え、頭を上げる。

3 両手を耳に添え、脚を上下90度に開く

吐く

体幹は動かさず、股関節だけを動かす

4 息を吐くタイミングで左右の脚を入れ替える。呼吸に合わせて交互に繰り返していく。

吸う

正中線を意識する

22

ダブルストレートレッグストレッチ

Double Straight Leg Stretch

- 体幹スタビリティの向上
- 呼吸と動作の連動
- *遠心性収縮による良質な筋形成

Movement

8 回

仰向けで腰椎、骨盤を安定させ、天井に向かって伸ばした両脚を床ギリギリへ下ろす。

＊筋の長さは伸長されながらも収縮する形態

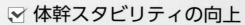

体幹のMotor control

Focus 下肢の重さを利用して体幹（腰椎、骨盤）の安定性を高める

▶ **腹筋群、前鋸筋、腸腰筋、大腿直筋、ハムストリングス**

1 仰向けの姿勢から両膝を抱え、頭を上げる。

2 両手を耳に添え、両脚を閉じて天井に向かって伸ばす。

腰椎、骨盤を安定させて股関節から足を動かす

3 息を吸いながら下腹部を意識して両脚を下ろしていき、

吸う

脚を下ろす際、下肢の重さに負けて腰椎を伸展しない

4 両脚を床ぎりぎりへ下ろす。息を吐きながら両脚をゆっくり元の位置へ上げていく。呼吸に合わせて繰り返す。

吐く

23 V Balance《Vバランス》

- ☑ 脊柱軸方向への伸展（エロンゲーション）
- ☑ バランス力の向上

10秒キープ

仰向けで腰椎、骨盤を安定させ、天井に向かって伸ばした両脚を床ギリギリへ下ろす。

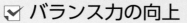

体幹のMotor control

Focus バランスをとりながら脊柱の長さを維持し続ける

▶ **脊柱起立筋群、多裂筋、腰方形筋、腸腰筋、大腿直筋**

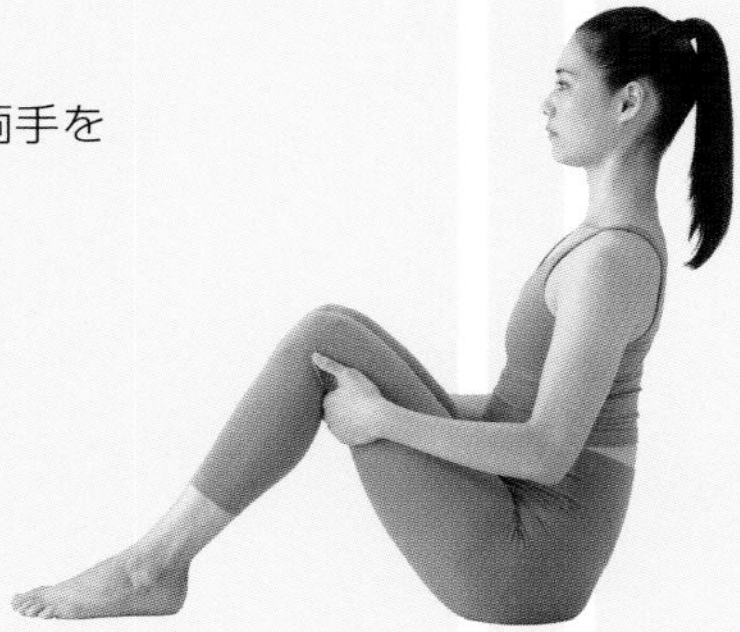

1 両膝を立てて座り、両手を膝の裏に添える。

肩が挙上しないように
耳と肩の距離をあける

2 息を吸って坐骨と頭で伸び合う。息を吐きながら上体を斜め45度まで後ろに倒し、息を吸ってかかとを膝の高さまで上げる。

吸う → 吐く → 吸う

3 息を吐きながら膝を伸ばし。両手は前方へまっすぐ伸ばす。

吐く

24 2 Prone《2プローン》

- バランスを保ちながら全身の筋力を高める
- 体幹の安定性

Movement

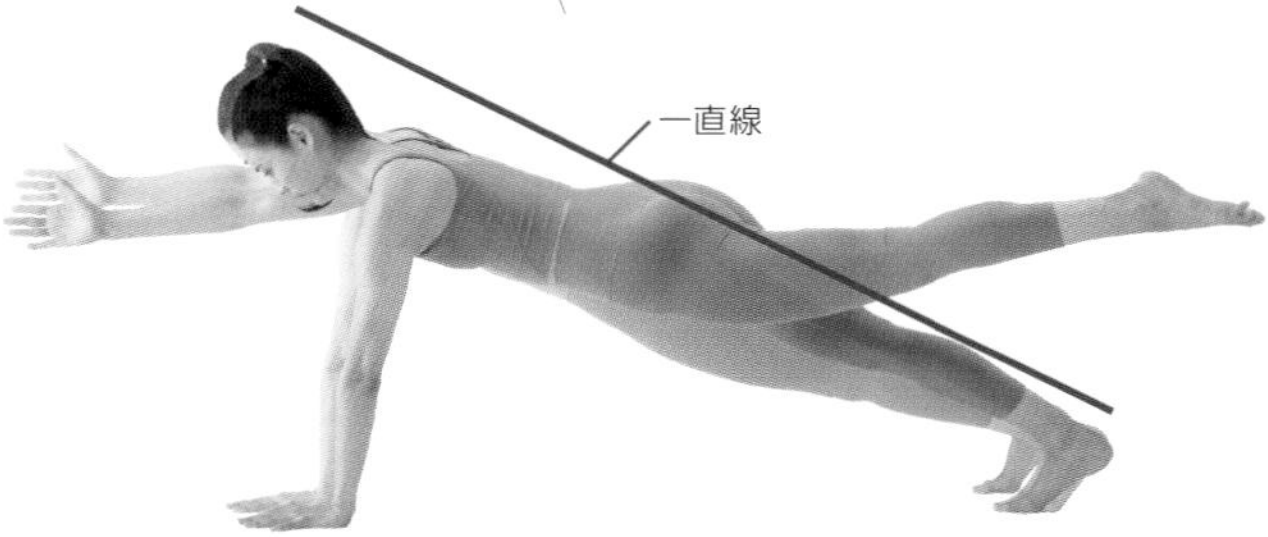

左右10秒キープ

頭からかかとまで一直線になるように両手足を床につけ、対角の腕と脚を床と平行に上げてバランスを保ち、キープする。

体幹の Motor control

Focus バランスを維持したまま体幹と四肢をコントロールする

▶ 腹筋群、多裂筋、脊柱起立筋群、前鋸筋、僧帽筋

1 肩の真下に手を置き、かかとから頭まで斜め一直線になるように両膝を伸ばす。

吸う

頭部や腹部が上下しないように
頭頂から踵まで一直線に保つ

2 息を吸って吐きながら片腕を前方に上げる。

吸う
↓
吐く

体幹を安定させ、両肩と骨盤を
平行に保つ

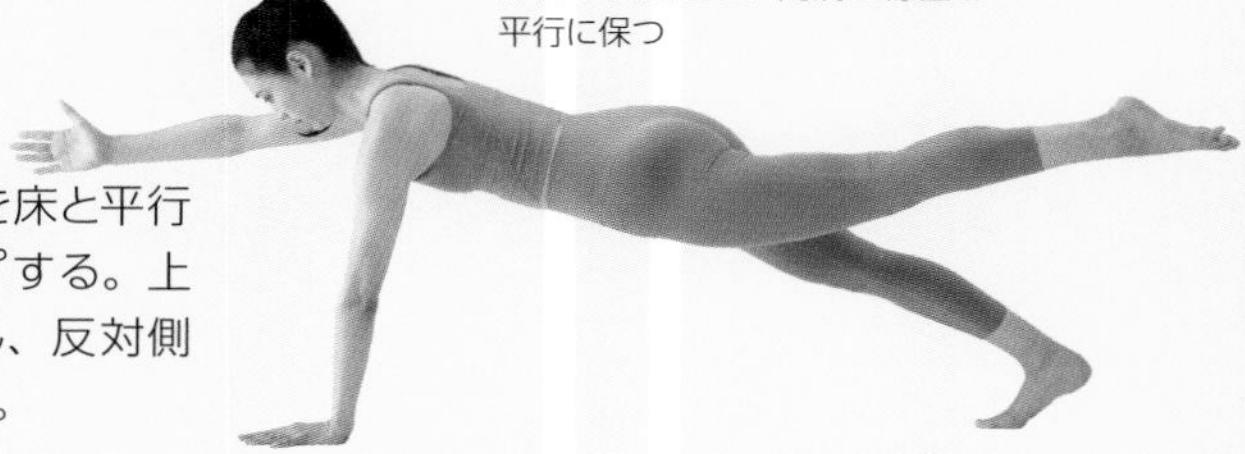

3 同時に対側の脚を床と平行に伸ばしてキープする。上げた手脚を下ろし、反対側も同じように行う。

25 V Sit《Vシット》

- 体幹ストレングスの強化
- 脊柱モビリティの向上
- 動作と呼吸の連動

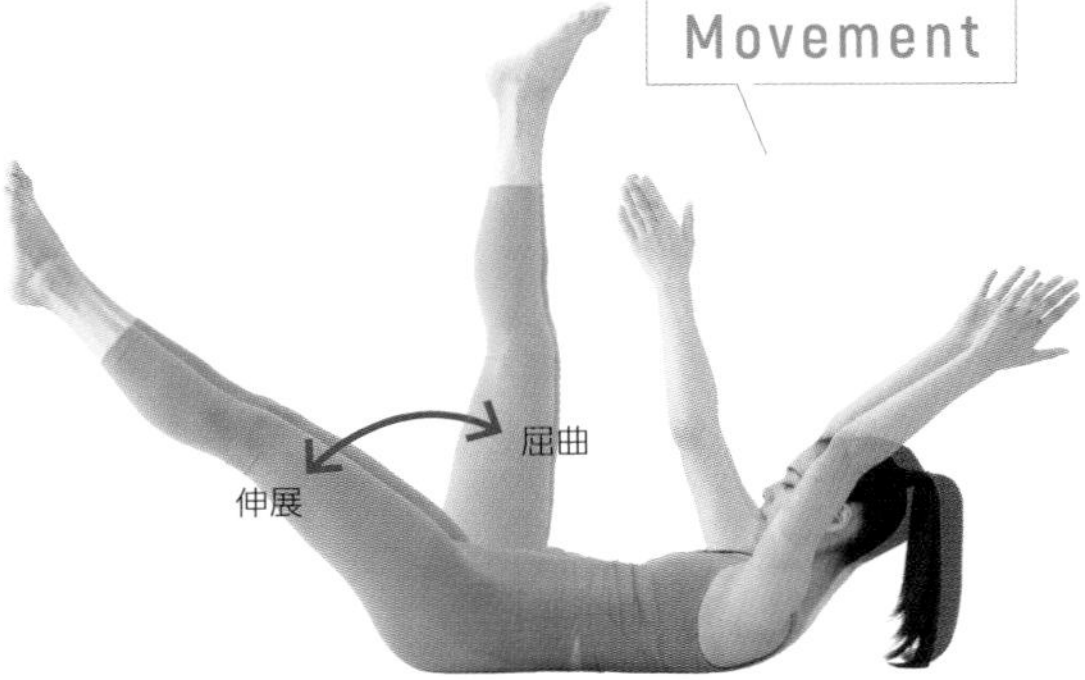

8回

仰向けで両手脚を上へ伸ばし、足首に手先を近づけ、両手脚を広げ下ろし（体幹伸展）、足首に手先を近づける（体幹屈曲）。

体幹の Motor control

Focus 求心性収縮と遠心性収縮を繰り返して体幹屈筋群を強化する

▶腹筋群、前鋸筋、腸腰筋、大腿直筋

1 仰向けの姿勢から両膝を立てる。

2 両膝を抱え、頭を上げる。

3 両手脚を天井に伸ばし、足首に手先を近づける。

正中線を意識して体がねじれたり左右に偏らないようにする

4 息を吸いながら両手脚をマットに近づけるように広げ下ろしていく、息を吐きながら体幹を屈曲し、足首に手先を近づける。

吸う

↓

吐く

26 Corkscrew《コークスクリュー》

☑ 体幹のスタビリティ向上
☑ 股関節の分離運動

Movement

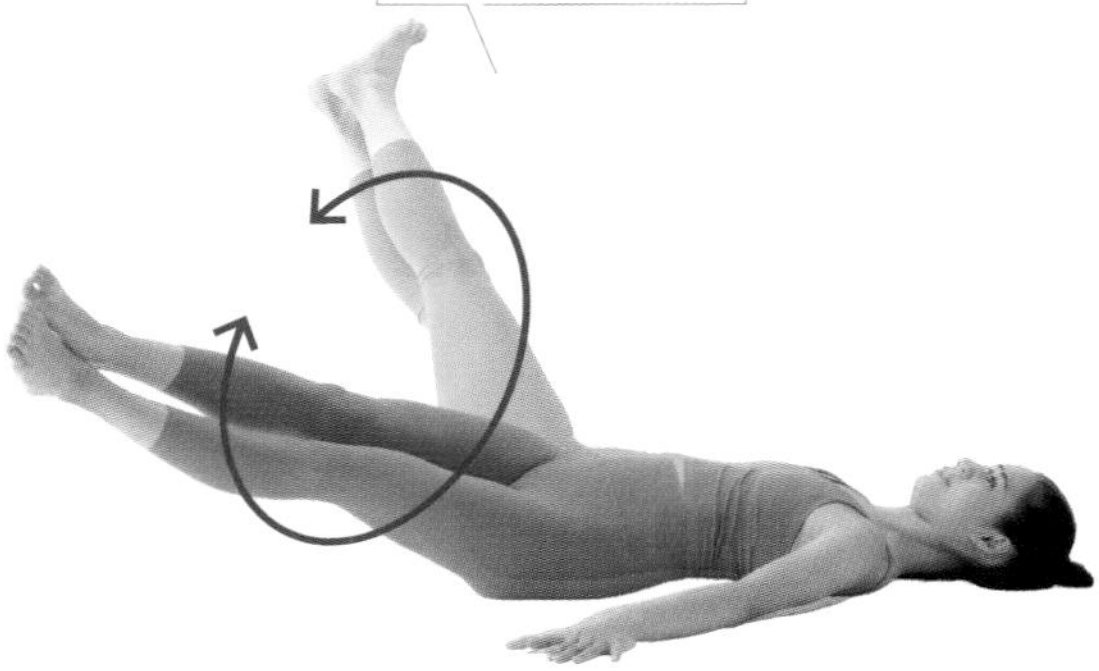

左右 **5** セット

仰向けで両脚を真上に上げ、体幹を安定させて円を描くように動かす。

体幹のMotor control

Focus 体幹を安定させたまま股関節の動きを高める

▶ **僧帽筋、上腕三頭筋、腹筋群、腸腰筋、大腿直筋、内転筋群**

1 テーブルトップポジションから両脚を真上に上げる。

2 踵をそろえ、息を吸って腹部を安定させ、息を吐きながら片側のお尻を浮かせて円を描くようにゆっくり回す。

吸う → 吐く

3 同様に反対側も行う。1回ずつ方向を変更してもよい。または連続して同方向に回してもよい。

股関節周辺が硬く屈曲できない場合、軽くひざを曲げて行う

27 チェストリフト Chest Lift

☑ 胸郭の可動性向上
☑ 腹筋群の強化

Movement

8 回

仰向けで脊柱を長く保ったまま、頸椎、胸椎を屈曲して上体を持ち上げ、元のポジションへ戻す。

体幹の Motor control

Focus 脊柱の長さを保ったまま屈曲の可動性を高めていく

▶ **腹直筋、頭長筋、頸長筋**

1 仰向けの姿勢から両膝を曲げ、両手は頭の後ろに軽く添える。

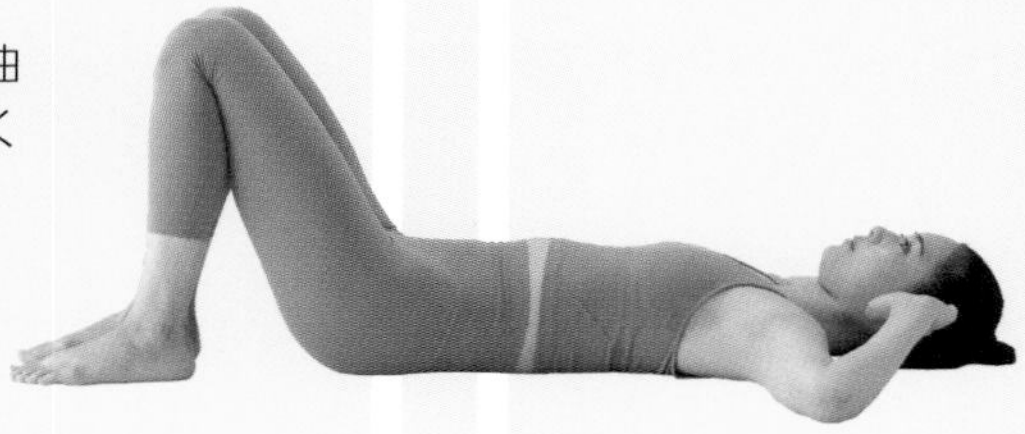

2 息を吸って腹部を安定させ、吐きながら頸椎、胸椎を屈曲して上体を持ち上げる。

吸う
↓
吐く

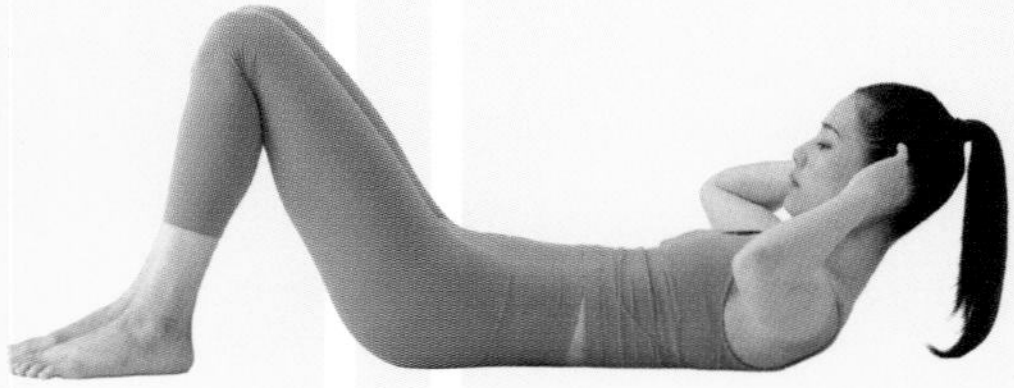

3 首は長く保ち、肩甲骨まで浮かせたら、ゆっくりと元の位置へ戻る。呼吸に合わせて繰り返す。

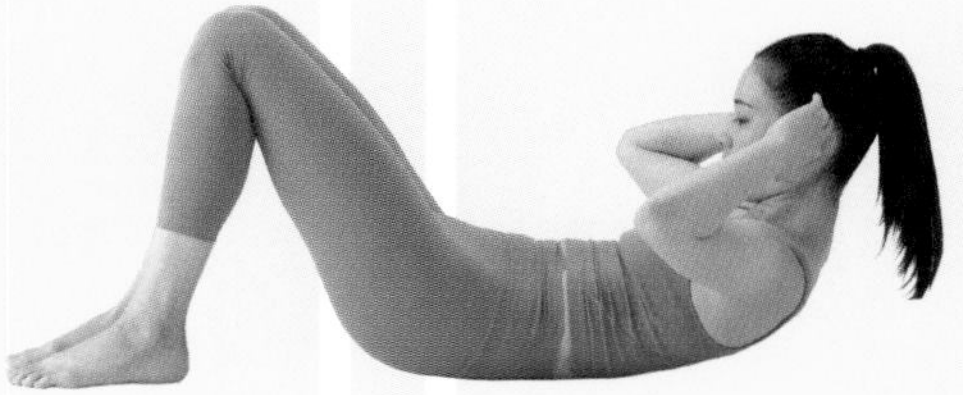

28

ダイアゴナルリーチ

Diagonal Reach

- 中心軸の獲得
- 全身のモーターコントロール

Movement

左右10セット

四つん這いからバランスをとりながら対角の手脚を伸ばし、その肘と膝を曲げて互いに近づける。

体幹のMotor control

Focus バランスをとり、
体幹と四肢をコントロールする

▶ **多裂筋、回旋筋、僧帽筋、殿筋群**

1 四つん這いの姿勢から左手と右脚を中央に寄せる。

2 息を吸いながら右腕と左脚を遠くへ伸ばす。

吸う

3 息を吐きながら肘と膝を曲げ互いに近づける。

吐く

4 呼吸に合わせ繰り返し、反対側でも同様に行う。

29 Jackknife《ジャックナイフ》

- 体幹のモーターコントロール
- 全身のストレングス

Movement

5 回

仰向けで両脚を真上に上げ、脊柱を尾骨から浮かせて両脚を斜め後方へ伸ばし、バランスをとって骨盤を高く上げ両脚を真上に伸ばし、元のポジションへ。

体幹の Motor control

Focus 体幹の屈曲・伸展を繰り返し、全身をバランスよく強化する

▶ 腹直筋、腸腰筋、多裂筋、脊柱起立筋群、僧帽筋

1 仰向けの姿勢から両膝を曲げる。

2 両脚を上げ、息を吸って真上に膝を伸ばす。

吸う

3 息を吐きながら脊柱を尾骨からゆっくりと浮かせ、斜め後方に向かって両脚を上げていく。

吐く

4 息を吸ってバランスを取り、吐きながら骨盤を高く上げ、両脚を上に伸ばす。10秒キープした後、吐きながらマットに下ろしていく。

吸う
↓
吐く

30 Snake《スネーク》

- 全身のストレングス
- 肩関節、股関節、足関節の可動性向上

Movement

左右 **8** セット

四つん這いから両脚を交差して後ろへ伸ばし、骨盤を後方へ引き上げ、元のポジションに戻す。

体幹のMotor control

Focus 全身を使って体幹の安定性を強化する

▶ **腹直筋、腹斜筋群、前鋸筋、僧帽筋、腸腰筋**

1 四つん這いの姿勢から両脚を後ろへ伸ばす。

2 左脚を右脚の前から通して両脚を交差する。

吸う

3 息を吐きながら両手でマットを押し、骨盤を後方へ引き上げる。

吐く

4 息を吸いながらゆっくりと骨盤を元の位置へ戻す。繰り返し行い、脚を入れ替えて同様に行う。

吸う

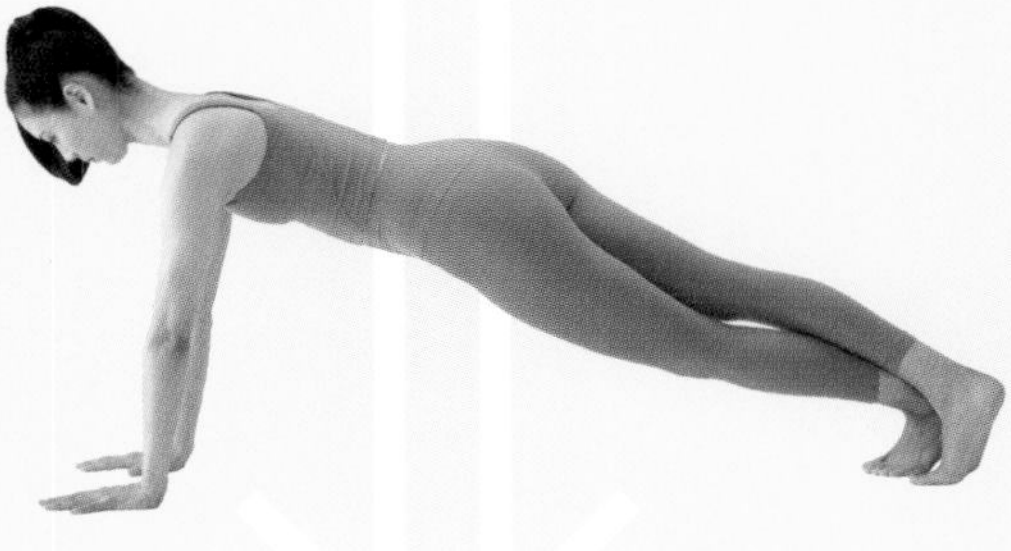

31 Leg Circle《レッグサークル》

☑ 殿筋群のモビリティ向上
☑ 腹部のスタビリティ向上

左右8セット

仰向けで腹部を安定させたまま股関節を動かして片脚を円を描くように動かす。

股関節の Motor control

Focus 腹部を安定させて股関節を動かし、殿筋群のモビリティを高める

▶ **腹筋群、殿筋群、大腿筋膜張筋、深層外旋六筋、外腹斜筋**

1 仰向けの姿勢で両腕は手のひらを下に向けて軽く横に伸ばす。片脚を膝を伸ばしたまま垂直に上げる。

垂直に脚を上げられない
場合は膝を曲げておく

2 息を吸って腹部を安定させ、息を吐きながら上げている脚を内側へ倒す。

吸う
↓
吐く

肩や上背部が浮かないようにマットにつけたままにしておく

3 骨盤も傾けながら足先を遠くへ伸ばし、そのままマットの下方へ円を描くように下ろしていく。

吐く

4 体幹から足が一直線になったら、息を吸って垂直に持ち上げ元のポジションに戻る。繰り返し行い、反対側の脚で同様に行う。

吸う

32 Scissors《シザース》

- ☑ 脊柱から骨盤のスタビリティ向上
- ☑ 下肢のモビリティ向上

Movement

左右 **8** セット

脊柱・骨盤を持ち上げ安定させて、両脚を入れ替えながら前後に開閉する動作を繰り返す。

股関節の Motor control

Focus 脊柱と骨盤を安定させた状態で下肢をコントロールする

▶ 多裂筋、脊柱起立筋群、腹筋群、腸腰筋、大腿直筋

1 仰向けの姿勢から両脚をテーブルトップポジションに上げ、斜め前へ伸ばす。

2 吐く → 吸う

息を吐きながら両足が顔の上あたりにくるまで脊柱を下からゆっくりと持ち上げていく。両手を床から離し腰の後ろを支え、息を吸って脊柱を伸ばす。

首や胸が縮まないように
肩甲骨を床に安定させて
胸骨を引き上げる

3 吐く

息を吐くタイミングで片脚を天井に向けて伸ばし、開脚する。呼吸に合わせて交互に脚を入れ替えていく。終了したら頭の上で脚をそろえて、ゆっくりとクールダウンする。

33

サイドキック

Side Kick

- 体幹のスタビリティ向上
- 股関節周辺のモビリティ向上

Movement

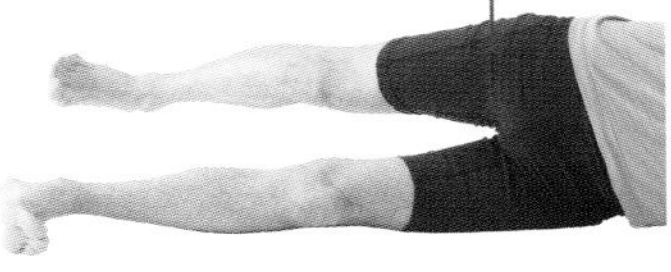

左右 **8** セット

横向きでバランスをとりながら股関節の屈曲と伸展を繰り返す。

股関節の Motor control

Focus 体側面でバランスをとりながら下肢を大きく動かす

▶ **脊柱起立筋群、腹斜筋群、腰方形筋、腸腰筋、大腿直筋**

1 横向きの姿勢で両脚をそろえてやや前に出し、頭を持ち上げて両手を添える。

2 息を吐いて上側の足を前に蹴り出し……

吐く

股関節に合わせて脊柱も屈曲伸展しないように体幹を安定させる
股関節の動きも十分に意識する

3 息を吸って足を元の位置よりやや後方まで戻す。呼吸に合わせて動作を繰り返す。

吸う

34 Lumbar Stability《ランバースタビリティ》

- ☑ 腰椎-骨盤の安定
- ☑ 股関節の分離運動

Movement

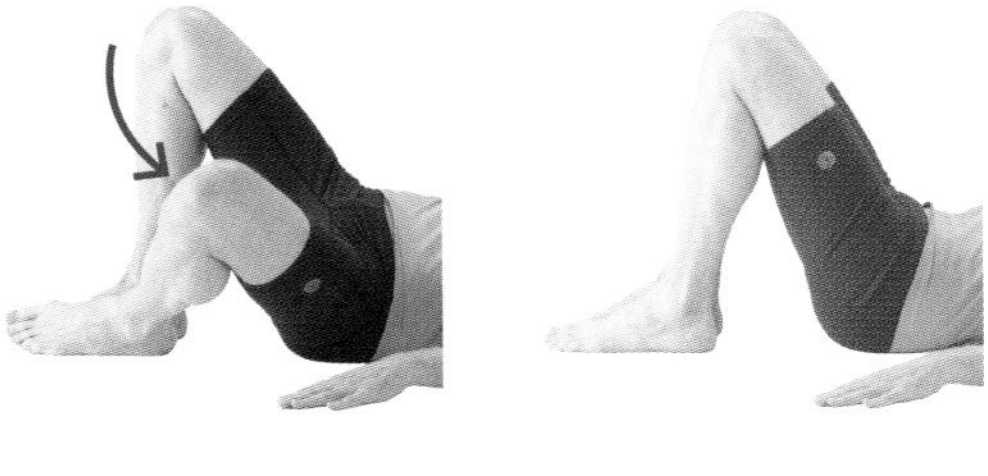

左右 **8** セット

仰向けで腰椎と骨盤のポジションを保ったまま、股関節を動かして片脚を外側へ倒し、戻す。

股関節のMotor control

Focus 腰椎・骨盤のニュートラルポジションを維持し股関節を動かす

▶腹斜筋群、内転筋群

1

仰向けの姿勢から両膝を曲げ、足は坐骨幅に広げる。

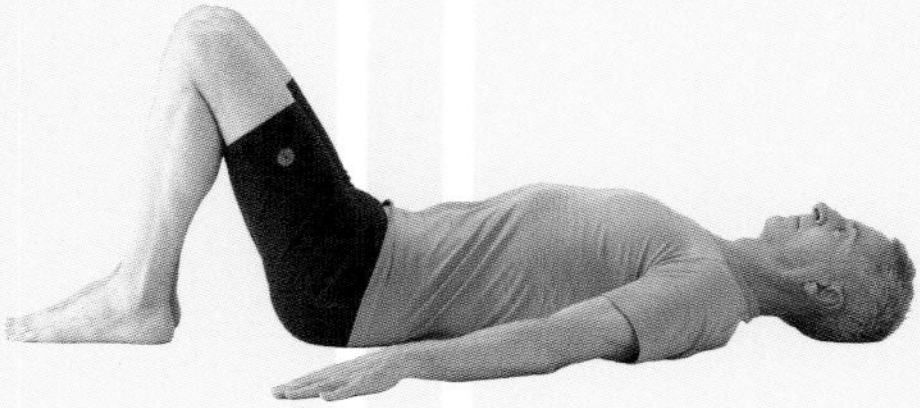

2

吸う

息を吸いながら左脚を股関節からゆっくりと外側に倒していく。

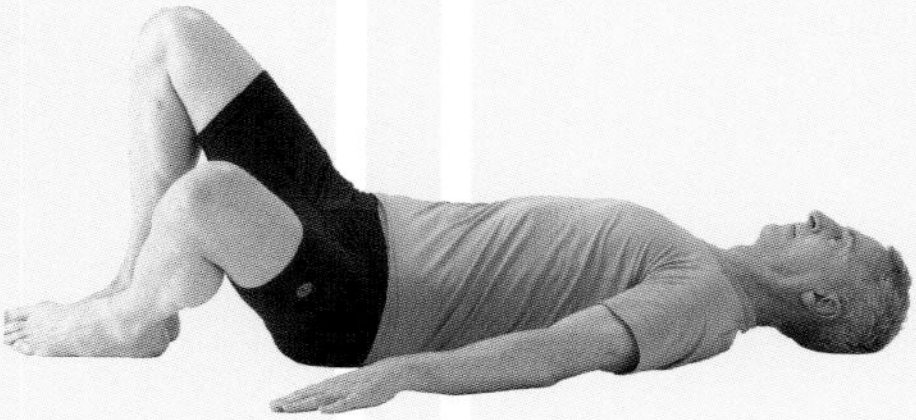

3

吐く

息を吐きながら脚を閉じるように元の位置へ戻していく。繰り返し行い、右脚も同様に行う。左右交互に行ってもよい。

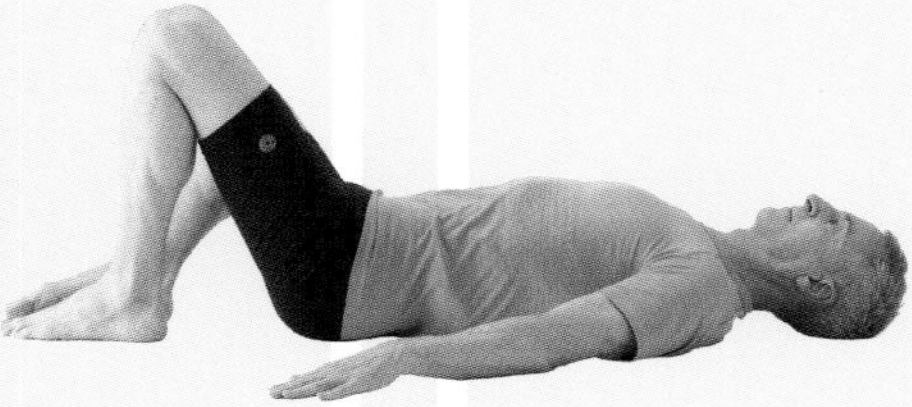

35 Hip Aduction《ヒップアダクション》

- 股関節の可動性・安定性の向上
- 内転筋群の活性

Movement

左右 8 セット

横向きで下側の脚を床から浮かせる（内転動作）。

股関節のMotor control

Focus 両側の内転筋群を活性化させる

▶ **内転筋群、ハムストリングス(内側)、腹斜筋群、腰方形筋**

1 横向きの姿勢で左腕を頭の下に置き、右の膝・股関節を90度に曲げる。

膝の下にクッションやソフトボールなどをおいてもよい

2 吐く

右手はバランスをとるように胸の前についておき、左脚はまっすぐ伸ばしておく。
息を吐きながら左脚を床からゆっくり浮かせていく。

3 吸う

息を吸いながら元の位置へ右脚を下ろす。繰り返し行い、反対側でも同様に行う。

36 ニーステアリング Knee Steering

☑ 股関節の可動性向上

Movement

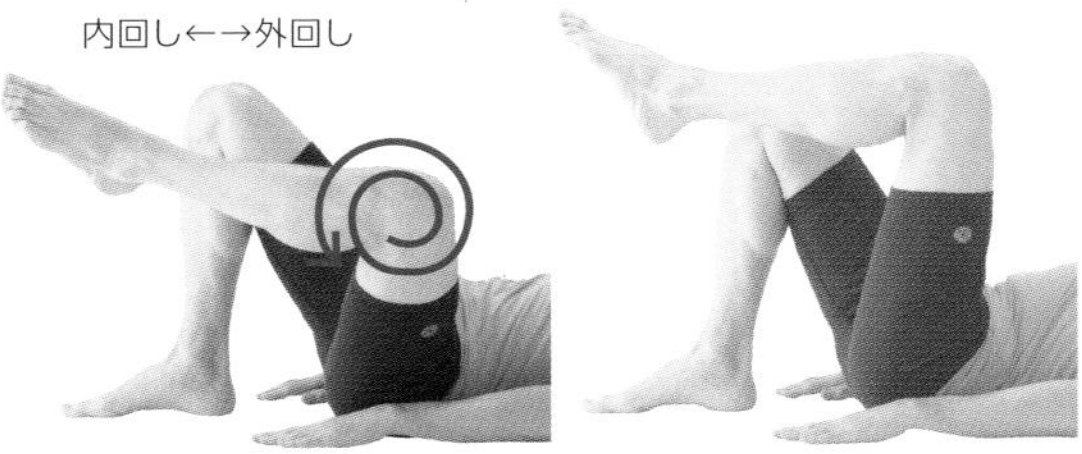

左右 8 セット

仰向けで股関節を動かして膝で円を描くように脚を動かし、円は徐々に大きくして、逆回し（内回し←→外回し）も同じように行う。

Focus 両側の内転筋群を活性化させる

▶腸腰筋、内転筋群

1 仰向けの姿勢から両膝を曲げる。

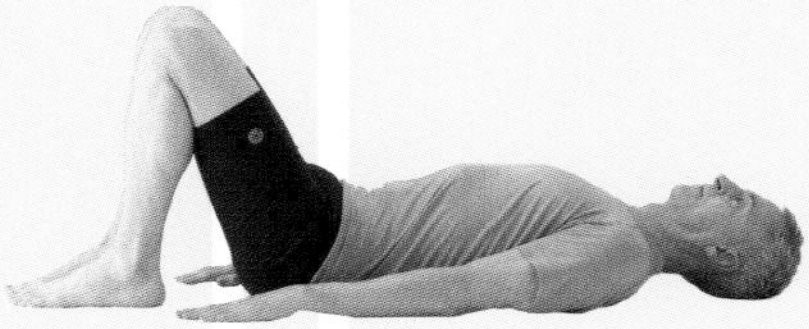

2 片脚を上げる。

3 膝で円を描くように股関節からゆっくりと動かす（内回し）。小さな動きから始め楽に動かせる範囲で徐々に大きく回していく。何度か繰り返したら逆回しにする（外回し）。反対の脚も同様に行う。

37 Hip Hinge《ヒップヒンジ》

- ☑ 股関節の可動性向上
- ☑ 体幹の安定性向上

左右 **8** セット

前脚の股関節を屈曲して上体を前へ倒し、元のポジションへ戻す。

股関節の Motor control

Focus 立位に近い姿勢で股関節屈曲の可動性を高める

▶ **多裂筋、脊柱起立筋群、腸腰筋、大殿筋**

1 吸う

脚を前後に広げ、後ろ脚の膝をマットにつける。両手は胸（肩）に置き、息を吸って背筋を伸ばす。

2 吐く

息を吐きながら前脚の股関節を屈曲し、上体をゆっくり前に倒す。

3 吸う

姿勢を崩さずに息を吸いながら元の位置へ戻る。繰り返し行い、反対側でも同様に行う。

38 サイドリフト Side Lift

- ☑ 体側の強化
- ☑ 前額面の動作制御

Movement

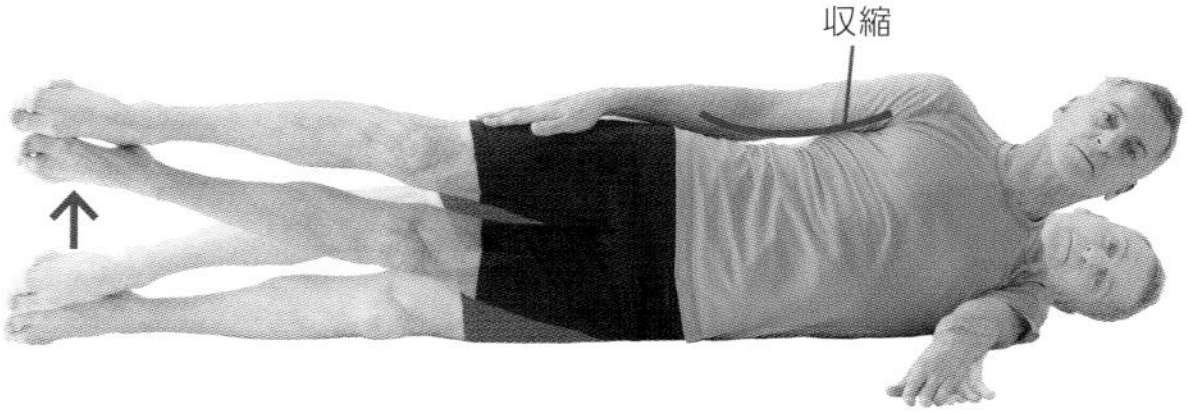

左右 8 セット

横向きで正しい姿勢を保ったまま、体側部を収縮させて頭と両脚を上げる。

股関節のMotor control

Focus 正しい姿勢を保ち、横方向の動作をコントロールする

▶ 多裂筋、脊柱起立筋群、腰方形筋、胸鎖乳突筋

1 横向きの姿勢で両脚は重ね。下側の腕は前に伸ばしておく。上側の腕は大腿の外側に乗せ、一度息を吸ってバランスを整える。

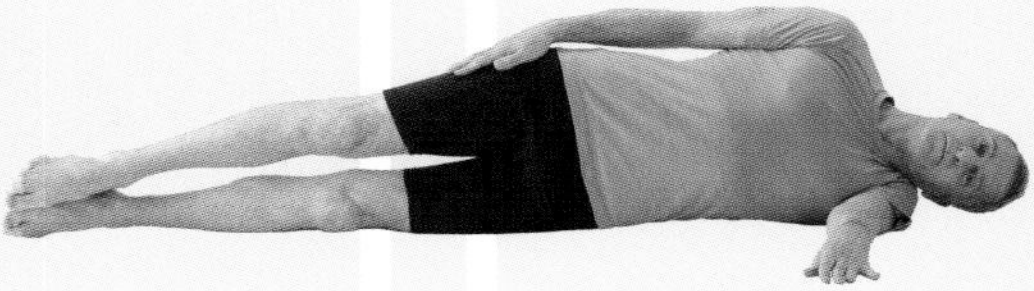

2 息を吐きながら体側部を収縮し、頭と両脚を真横に上げていく。

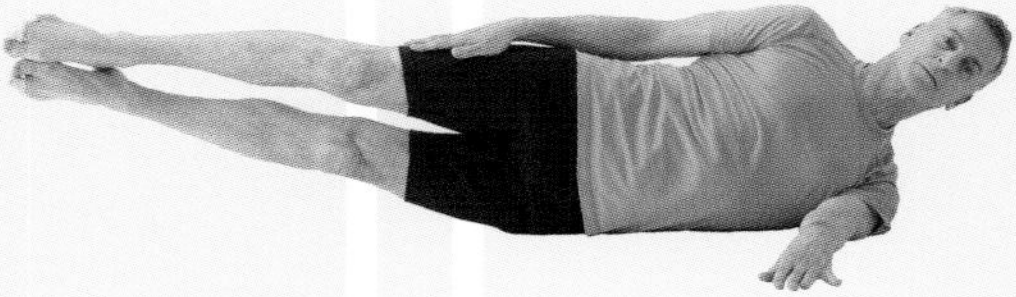

3 姿勢を崩さないように息を吸いながら元の位置へゆっくりと戻す。繰り返し行い、反対側でも同様に行う。

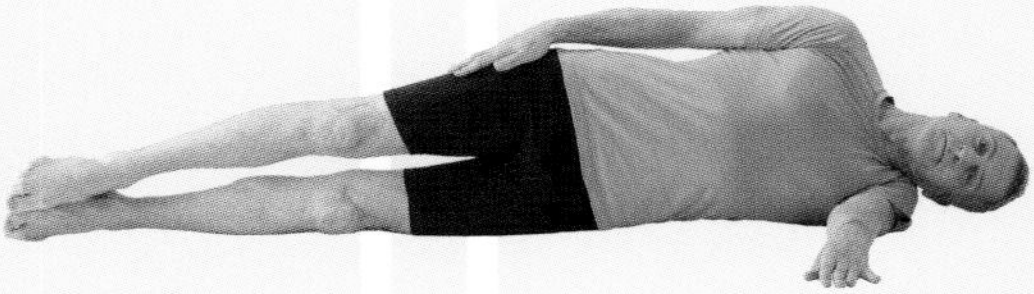

39 Hip Lift《ヒップリフト》

- ハムストリングス、殿筋群の強化
- 脊柱モビリティの向上
- 脊柱分節の動きを覚える
  （アーティキュレーション）

左右 **5** セット

脊柱下部から浮かせ（分節的な動き）、脊柱上部から床につける（同）。

背面部の Motor control

Focus 体幹をコントロールしながら下肢後面を強化する

▶ハムストリングス、殿筋群、内転筋群、腹筋群、多裂筋

1 仰向けの姿勢から両膝を立てて、足を腰幅に開く。

2 息を吐いて骨盤を後傾させ、背骨一つ一つを床から剥がすように浮かせていく。

吐く

3 息を吸って吐きながら骨盤を安定させたまま右膝を伸ばし、肩から足先までを一直線にする。

吸う
↓
吐く

片脚を浮かせても骨盤は床と平行に保つ
膝が開きやすいので内転筋群を意識して中心に寄せる

4 上げた脚を下ろし、脊柱上部からゆっくりと床につけていく。反対側も同じように行う。

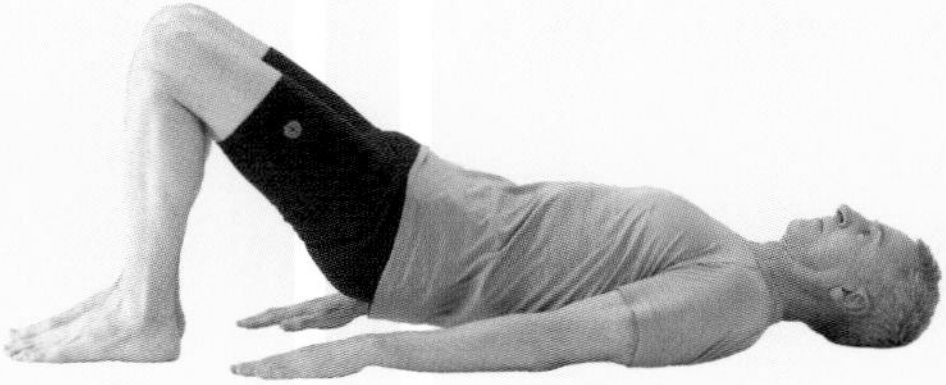

40 スキャプラローテーション Scapula Rotation

- 骨盤のモーターコントロール
- 肩甲骨上方 - 下方回旋のコントロール

Movement

8 回

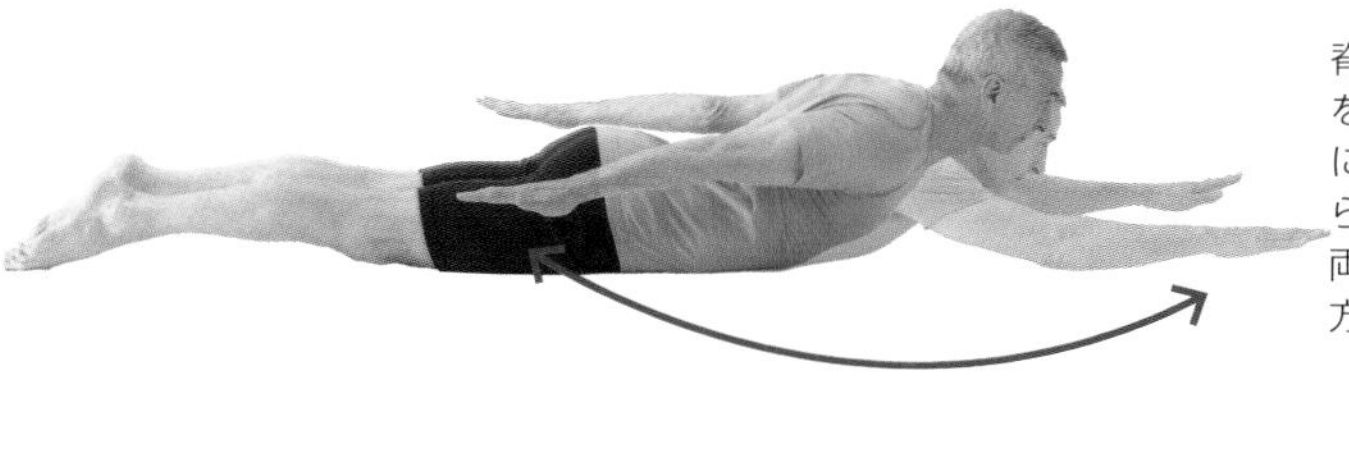

脊柱を伸展させて両腕を前方へ伸ばし、さらに脊柱を伸展させながら、肩甲骨を回旋して両腕を後方へ回し、前方へ回し戻す。

背面部の Motor control

Focus 脊柱の伸展、肩甲骨の回旋をバランスよくコントロールする

▶多裂筋、脊柱起立筋群、板状筋、後頭下筋群、僧帽筋、菱形筋

1 両肘が肩の横あたりにくるように軽く曲げてうつ伏せの姿勢になる。

2 手のひらでマットを押し、上半身を起こしてから両腕を前方へ伸ばす。

3 息を吸いながら両腕を肩甲骨から後方へ回し、手先を殿部へ近付ける。

吸う

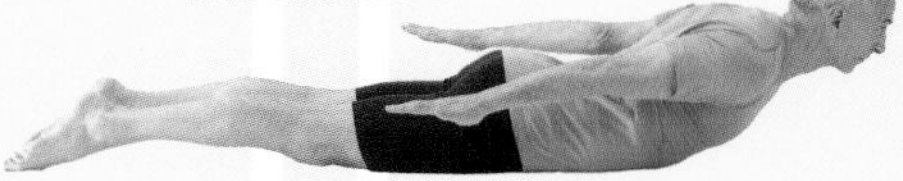

腰椎を伸展しすぎないように
胸椎を伸展させる

4 息を吐きながら前方へ両腕を回しながら戻す。呼吸に合わせて繰り返し行う。

吐く

41 シングルレッグキック Single Leg Kick

- 下肢後面筋群の活性
- 下肢前面筋群の抑制

Movement

左右 **8** セット

片脚のかかとを素早く2回（一度目は足関節底屈、二度目は背屈）、臀部に近づける。

背面部の Motor control

Focus 下肢の後面筋群を収縮し、拮抗する筋群を緩めていく

▶ハムストリングス、大殿筋、腸腰筋、大腿四頭筋

1 両肘を肩の下について床を押し、うつ伏せの姿勢になる。

ドローインを忘れずに

2 息を吸うタイミングで2回素早く片脚の膝を曲げ、かかとを臀部に近づける。1度目は足関節底屈、2度目は背屈となるように曲げ伸ばしする。

吸う

3 長く息を吐きながら膝を伸ばし、元の位置へ脚を下ろす。脚を入れ替えて交互に行う。

吐く

42 Inside Bridge《インサイドブリッジ》

- 体幹のスタビリティ向上
- 内転筋群と腹筋群の連動

左右 **8** セット

横向きで体幹から両脚を一直線に保ち、上側の肘と下側の膝を引き寄せる（体側、腹部、大腿内側を意識）。

全身の Motor control

Focus 体側 - 腹部、大腿内側のスタビリティと動作を協調的に高める

▶ **多裂筋、脊柱起立筋群、腹筋群、前鋸筋、腸腰筋、内転筋群**

1 横向きの姿勢で片手を肩の真下につき、上側の脚が体幹から一直線になるように伸ばして、足部の内側を床につける。下側の脚は一足分前に出して同じように伸ばしておく。上側の手を耳の後ろに添える。

2 息を吸って体幹から下肢をまっすぐに伸ばし、息を吐きながら上側の肘と下側の脚の膝をタッチするように引き寄せる。

吸う
↓
吐く

3 息を吸いながら元の姿勢に戻り、再度吐きながら引き寄せる。

吸う
↓
吐く

43 Dead Bug《デッドバグ》

- 体幹の安定
- 四肢のコントロール

Movement

左右8セット

仰向けで体幹を安定させたまま、対角の手と脚を床と平行に伸ばし、戻す。

全身のMotor control

Focus 体幹を安定させたまま、上肢、下肢との協調性を高める

▶腹斜筋群、腸腰筋

1 仰向けの姿勢から両手脚を上げ、膝は90度に曲げておく。

2 息を吸いながら右手と左脚を床と平行になるように伸ばしていく。

吸う

3 息を吐きながら元の位置へ戻す。反対側（左手・右脚）も同様に行う。

吐く

03

ヒューゴ・コダーロ

［ピラティストレーナー］

ピラティスは将来への投資、継続しよう

「できない」も大事な情報

　ピラティスを始められる方は、これはできない、あれもできないと心配されます。でも、身体のここが硬いとか、ここが弱いとか気づくのも、体についての大事な情報です。自分の身体の状態をよく知り、ピラティスを継続することで身体が変わっていくのを実感でき、新たな目標ができたりもします。ピラティスは心と身体、神経と筋肉を結びつけるプロセスであり、身体を整え、体幹を鍛え、筋力、柔軟性、安定性を高めます。そのプロセスを信じて続けましょう。ピラティスは将来への投資です。

Elastiband® を紹介します

フランスから上陸したElastiband®には8つのポケットがあります。通常のゴムのバンドと違い、バンドを握らないため、筋力が弱い方でも気軽に使用できます。また滑りにくく外れにくいため、両手、両脚、片手、片脚など様々な使い方によりバリエーションは無限大であり、筋力や柔軟性の向上はもちろん、動きの質を高めるためこともできます。

マットピラティスにElastiband®を使う利点は身体を補助し、動きの精度を高めることです。さらにピラティスに欠かせないレングス（長さ）やオポジション（逆方向に引っ張り合うこと）を意識しやすく、体幹筋群を強化しながら、骨盤や肩関節の安定性を高めることができます。

https://elastibandjapan.wixsite.com/elastiband-japan

Elastiband®の使用例

①ティーザー・ツイスト

脚へのサポートによって安定性を高め、体幹への意識を向上させます。

②オールフォー・バランス

腕と脚のレングスとオポジション活性、体幹への意識を向上させます。

③ワンレッグ・サークル

両脚を意識させて、それぞれのレングスとオポジション活性。

④ペアスクワット

身体をサポートしながらウォールスライド（肩・肩甲骨のエクササイズ）のような動作を可能にします。

導入例

東海大学ラグビー部がピラティスを導入、怪我が激減

ラグビーは collision sports（衝突するスポーツ）であり、同時に高いランニングフィットネスが求められるスポーツです。スクラムやラインアウトなどセットプレーがあり、フィジカルだけでなく技術面も求められます。さらにポジションによって役割や体型が大きく違うため、個人のスキルや競技の技術的な理解を向上させ、準備の整った状態でプレーをさせるよう、監督やコーチ陣は試行錯誤しながら選手達をサポートしています。

ラグビーという競技はタックルなど激しいコンタクトを行いながら、リスタートや方向転換を繰り返して走るといった高いフィジカルとフィットネスが要求されるため、外傷や障害の発生頻度が高い競技です。東海大学ラグビー部は、２０１６年、怪我が４８８３件発生していました。そこで監督やコーチの意向により、２０１７年からアスリートピラティスやＣｏｒｅ Ｐｏｗｅｒ Ｙｏｇａ ＣＰＹ®*を導入することとなり、２０１７年

総勢 180 名を超えることもある。芝生や体育館で実施

には月に１回、２０１８年には月10〜20回実施したところ、障害件数が大きく減少しました。

ここには監督やコーチ達のアイデアがありました。トレーナーが不在のときでも実施できるよう、選手の中から数名選抜してエクササイズリーダーを決め、試合や練習前にウォーミングアップやクールダウンとして両メソッドを導入したところ、２０１８年には２２２６件へと大きく減少しました。２０１９年は肉ばなれがたったの１件という結果が出たのです。

もちろんこのトレーニング導入だけが良い結果を生んだわけではありません。チームの意識は高く、速やかな疲労回復や怪我をしないための努力を惜しまずに行った結果です。このように、アスリートは筋トレだけではなく、怪我をしない身体の基礎を築くためのコンディショニングトレーニングを取り入れることは非常に大切と言えるでしょう。

[上半身]

部位	2016	2017	2018	前年度比
頭部	352	328	161	-167
顔部	349	330	143	-187
頚部	173	122	165	43
肩関節	207	142	86	-56
肘関節	78	76	24	-52
背部	21	22	14	-8
腰部	102	68	46	-22
胸腹部	120	127	48	-79
上腕	14	20	4	-16
前腕	21	27	6	-21
手関節	106	101	46	-55
手指	178	233	44	-189
小計	1721	1596	787	-809

[下半身]

部位	2016	2017	2018	前年度比
殿部	30	31	3	-28
骨盤	24	9	8	-1
股関節	39	3	10	7
大腿部	151	188	84	-104
ハム	71	57	41	-16
膝関節	325	299	152	-147
下腿部	201	192	119	-73
足関節	356	275	163	-112
足部	194	203	72	-131
小計	1391	1257	652	-605
合計	3112	2853	1439	-1414

4883件 ➡ 2226件

＊ Athlete Pilates AP ™（アスリートピラティス）と同じく、株式会社 E.M.I. のオリジナルメソッド

あとがき

練習・試合中の怪我、またパフォーマンスが上がらない、プレッシャーに負けてしまうなどという経験がおありかと思います。一般的なスポーツの現場には指導者が常任していないことも多く、ご自身で試行錯誤しながらトレーニングされている方も多いのではないでしょうか。常にコーチやトレーナーがそばにいるのは一握りのトップアスリートだけかもしれません。本書の出版はトップアスリートも含め、スポーツを楽しむ方や、子どもたちを指導する方など、運動に関わるすべての方にコンディショニングの重要性やピラティスの有効性を伝えたいと思い筆を取りました。

アスリートピラティスはトレーニングの土台であり、コンディションをベストに保つためのメソッドになります。それは体調を良い状態に保つだけではなく、強い体幹と動きやすい身体をつくることを目的にしています。この土台のうえに皆さんがこれまで実践してきたトレーニングを積み上げてみてください。土台があればきっと崩れることはないでしょう。アスリートピラティスは安全かつ効率よく動作を行うための「運動の基礎」であり、怪我の予防やリハビリとしても活用できる「薬」でもあるのです。先進国ではこうした土台の重要性は認知されており、多くのアスリートがピラティスを取り入れています。私が２００７年にラグビー日本代表を指導したきっかけは、元オールブラックスで活躍していた当時就任したばかりのヘッドコーチからの依頼でした。すでにニュージーランドやオーストラリアではピラティスを定期的に導入し、コンディショニングを高め、疲労回復していたそうです。その頃日本のスポーツ界ではピラティスは認知されていませんでした。スポーツの世界において日本は遅れをとっている面があります。これはスポーツに投資する国の理解や予算が少ないことも要因の一つです。そうした現状ですが、諦めることなく、自分自身で知識を身につけ、実践することがステップアップする鍵となります。

また、よく「ピラティスは子どももできますか？」と質問されます。答えはイエスです。言葉が理解できるようになった幼稚園の子どもくらいから実践することができます。小さな頃から動作の学習をすることは非常に大切なことです。また大人になってからでも身体を改善することが可能です。身体だけではありません。心も強くなり落ち着いて考える集中力が身につきます。このメソッドが障害予防やパフォーマンス向上の一助となれば幸いです。

最後に、非力な私に多くの学びを与えてくださった金岡恒治教授、西良浩一教授、併走してくださったスタッフの方々に心より感謝を申し上げます。

そして何より皆さんが本書に出会い、ここまで読み進めてくださったことに感謝しつつ、人生を豊かにする運動やスポーツを楽しまれることを心から願っています。

2023年9月　猛暑の日カフェにて

本橋恵美

アスリートピラティス指導者資格を取得しませんか

E.M.I. では運動を楽しむ方から本格的にスポーツをされている方、チーム・企業をサポートするため、現地でのトレーニング指導や講演を行っています。指導派遣も行っていますのでお気軽にお問い合わせください。また、この指導者となるための資格取得コースがヨガとピラティスを合わせて年間 20 回ほど開催されています。より深く身体について学ぶためのアスリートや運動指導者、医療従事者が資格を取得しています。これまでにサッカーの日本代表スタッフから地域の野球少年チームを指導するコーチ、またスポーツ障害をリハビリする医療スタッフまで様々な方が取得をしています。対面とオンラインどちらでも取得可能です。E.M.I. の理念は「学ばざるもの教えるべからず」。常に学びを深め実践することを薦めています。

※収益の一部を犬猫殺処分ゼロ活動のため TNR 団体に寄付しています。

E.M.I.web site

https://emi-japan.org

インスタグラム

https://www.instagram.com/educate_movement_institute/

Facebook

https://www.facebook.com/E.M.I.association

Lit. Link

https://lit.link/emiconditioning

体幹筋とパフォーマンス向上の関係

■様々な研究結果

アスリートピラティスでは体幹をローカル筋から活動させ、グローバル筋が働くことによって安定性を伴った大きな力や持久力を発揮することを前述してきました。ではこのように体幹を鍛えることは実際にパフォーマンスに影響するのでしょうか。現在、体幹トレーニングがスポーツ動作にどれくらい効果があるかについて様々な研究が行われています。ジャンプ動作や持久力、俊敏性やスプリント能力をピックアップしてご紹介します。

① 9 週間の体幹安定性トレーニングが下肢筋力トレーニング同様に垂直跳びの初速を増加させた 30)
②バレーボール選手に対する体幹安定性トレーニングによって，ブロックジャンプ高が向上した 31)
③ Bridge exercise を用いた体幹安定性トレーニングが即時的にジャンプ効率を高めた 32)
④長期的にリバンドジャンプ能力を向上させた 33)
⑤ 5,000 m のタイム 34）や Cooper 走（12 分間走）の距離 33）を向上させた
⑥腹筋群、背筋群、腹斜筋群の持久性テストの total score を core stability の指標とし、様々なフィールドテストとの関連を検討した⑦結果、ジャンプ、アジリティ（敏捷性）、スプリント能力に弱～中等度の相関を示した。26・27）
Elbow-toe, Side bridge の保持時間を体幹筋機能の指標として評価し、持久力やアジリティと中～強い相関を認めた 18)

著者もこうした実験を通して、日々指導しているトレーニングが良い効果をもたらすのかを研究しています。アカデミックなデータが全てではないかもしれませんが、良いと思っているエクササイズが結果として怪我につながることもしばしばあります。そういったことを避けるためにも、実験と研究を重ねて世界中の研究者たちと情報を共有しています。

18）大久保雄，金岡恒治，今井　厚，椎名逸雄，辰村正紀，泉　重樹，宮川俊平：腰椎 Stabilization Exercise 時の四 肢挙上による体幹筋活動変化．臨床スポーツ医学会誌，19,（1）：94-101，2010

26）Nesser TW, Huxel KC, Tincher JL, Okada T. : The relationship between core stability and performance in division I football players. J Strength Cond Res, 22 (6) : 1750-1754, 2008.

27）Okada T, Huxel KC, Nesser TW. : Relationship between core stability, functional movement, and performance. J Strengh Cond Res, 25 (1) : 252-261, 2011.

28）Imai A and Kaneoka K. : The relationship between trunk endurance plank tests and athletic performance tests in adolescent soccer players. Int J Sports Phys Ther, 11 (5) : 718-724, 2016.

30）Butcher SJ, Craven BR, Chilibeck PD, Spink KS, Grona SL, Sprigings EJ. : The effect of trunk stability training on vertical takeoff velocity. J Orthop Sports Phys Ther, 37 (5) : 223-231, 2007.

31）Sharma A, Geovinson SG, Singh Sandhu J. : Effects of a nine-week core strengthening exercise program on vertical jump performances and static balance in volleyball players with trunk instability. J Sports Med Phys Fitness, 52 (6) : 606-615, 2012.

32）Imai A, Kaneoka K, Okubo Y, Shiraki H. : Immediate Effects of Different Trunk Exercise Programs on Jump Performance. Int J Sports Phys Ther, 11 (3) : 197-201, 2016.

33）Imai A, Kaneoka K, Okubo Y, Shiraki H. : Effects of two types of trunk exercises on balance and athletic performance in youth soccer players. Int J Sports Phys Ther, 9 (1) : 47-57, 2014.

34）Sato K and Mohka M. : Does core strength training influence running kinetics, lower-extremity stability, and 5000-M performance in runners? J Strength Cond Res, 23 (1) : 133-140, 2009.

本橋恵美

コンディショニングトレーナー
一般社団法人 Educate Movement Institute 代表理事
株式会社 E.M.I. 代表取締役
スポーツ医学アカデミー主宰
ラグビー・野球・サッカー・ゴルフ・相撲などのトップアスリートをサポートする。2003 年からピラティスを学び、現在は大阪大学と共同研究中。また徳島大学医学部大学院に在籍し、ヨガを研究。スポーツ医学に基づいたピラティスメソッドを構築し、資格認定コースを主宰。指導者育成にも従事している。『コアパワーヨガメソッド』（ベースボール・マガジン社）など著書多数。
https://emi-japan.org/staff/motohashi/

本書の内容に関するお問い合わせは、**書名、発行年月日、該当ページを明記**の上、書面、FAX、お問い合わせフォームにて、当社編集部宛にお送りください。**電話によるお問い合わせはお受けしておりません。**また、本書の範囲を超えるご質問等にもお答えできませんので、あらかじめご了承ください。
FAX：03－3831－0902
お問い合わせフォーム：https://www.shin-sei.co.jp/np/contact.html

アスリートピラティス

2023年10月15日　初版発行
2024年10月25日　第２刷発行

著　者　本　橋　恵　美
発行者　富　永　靖　弘
印刷所　萩原印刷株式会社

発行所　東京都台東区 台東２丁目24　株式会社　新星出版社
〒110－0016　☎03(3831)0743

ISBN978-4-405-08230-4